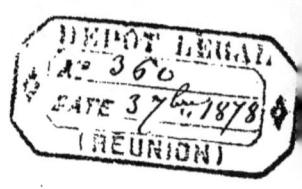

SIMPLES RENSEIGNEMENTS

SUR

L'ILE BOURBON

PAR ELIE PAJOT.

SIMPLES RENSEIGNEMENTS

SUR

L'ILE BOURBON

PAR ELIE PAJOT

SAINT-DENIS

Imprimerie A. Damotte, rue Labourdonnais, 33.

1878.

SIMPLES RENSEIGNEMENTS

SUR

L'ILE BOURBON

§ 1ᵉʳ. — De la découverte de l'île a l'arrivée de Labourdonnais aux colonies. — 1513 à 1534.

Les Européens, sous le commandement de Don Pedro de Mascarenhas, amiral Portugais, abordèrent pour la première fois à l'île Bourbon, en 1513. Cette date d'abord contestée, paraît être la véritable ; elle a été donnée par M. Ferdinand Denis, bibliothécaire de Sainte-Geneviève, après de longues et attentives recherches dans les écrivains portugais. Les nôtres, on le conçoit, sont plus sobres à l'endroit de don Mascarenhas.

Deux personnages de ce nom ont navigué et combattu dans les mers orientales : le premier qui nous regarde, est de beaucoup le plus connu ; il allait être vice-Roi des Indes lorsqu'il fut empoisonné par un compétiteur.

L'année 1513 est également donnée comme étant celle de la découverte de l'île, par M. Pierre Magny, dans un travail inséré au numéro d'octobre 1862 de *la Revue Maritime et Coloniale*, travail qui paraît avoir été rédigé d'après des documents officiels existants au ministère de la Marine, et qui réunit tous les caractères propres à inspirer la confiance. Il est bien vrai qu'une mappemonde de Ruych, qui porte la date de 1508, fait mention de Madagascar et des Mascareignes, ce qui nous rejetterait cinq années plus haut. Cette circonstance n'a en elle-même rien de probant ; elle laisse pressentir que les Arabes connaissaient ces îles et que Ruych aurait eu une de leurs cartes entre les mains, mais elle ne prouve nullement que les Européens eussent sitôt abordé de ce côté. Les noms employés confirment cette opinion : Maurice serait *Dinarobin* ; Bourbon, *Margabyn* et Madagascar *Zurganar*. Toutes ces formes appartiennent tellement aux langues de l'Orient, qu'on ne saurait raisonnablement faire intervenir ici les Portugais. Quant à la fameuse carte connue sous le nom de Sébastien Cabot (1544), si elle projette Madagascar trop à l'Est, du moins Bourbon et Maurice y sont bien placés sous le nom de Mascaxegnas, et elle suffit pour détruire complétement l'opinion de ceux qui reculent la découverte de nos îles, par les Européens, jusqu'à l'année 1545.

Quelques-uns ont voulu identifier Bourbon avec une certaine *Appollonie* qui s'était introduite sur de vieilles cartes ; celle-ci n'a jamais été qu'une île imaginaire comme le fut plus tard Saint-Jean de Lisboa.

C'est en 1642 qu'eurent lieu les premiers rapports des Français avec l'île Bourbon. La Compagnie de l'Orient avait fait partir, au mois de Mars de cette année, le navire le *Saint-Louis*, sous le commandement du capitaine Conquet, qui se rendit à Madagascar et traita du bois d'ébène : en opérant son retour, il toucha à Bourbon nommé alors Mascareigne ; et Pronis, qui fut depuis commandant au fort Dauphin et qui se trouvait sur le navire comme agent commercial, prit au nom de Sa Majesté Très-Chrétienne et de la Compagnie, possession de l'île qu'il trouva absolument inhabitée. Elle ne tarda point cependant à avoir quelques colons et ce fut par les soins plus ou moins bienveillants du même Pronis qui était revenu au fort Dauphin, pourvu du titre de commandant. Or, les Français qui étaient avec lui se mutinèrent au mois de février 1646 et le mirent en prison ; il y resta six mois entiers comme un *rat en paille*, selon l'expression des mémoires du temps. Bien plus, s'étant avisé de dire aux mutins qu'il ne restait plus qu'à le mettre aux fers, ils le mirent aux fers. Cependant les choses changèrent ; Pronis reprit l'autorité en cette même année 1646 et pour premier acte, il fit transporter à Mascareigne douze de ceux qui s'étaient le plus compromis envers lui : ils n'y restèrent que trois ans environ. En 1649, Flacourt, homme de tête et d'action, qui a laissé une histoire de Madagascar dont se sont longtemps uniquement servis ceux qui ont écrit sur cette île, remplaça Pronis au Fort Dauphin et dès le mois d'octobre, il envoya le navire le *Saint-Laurent* à Mascareigne, afin d'en prendre possession au nom du Roi, tenant apparemment pour insuffisant l'acte de 1642. Les armes de France furent apposées au lieu dit le Grand-Etang, c'est-à-dire, à Saint-Paul, et l'île reçut le nom de Bourbon qu'elle devait depuis quitter et reprendre tant de fois. Les anglais eux-mêmes ne s'étaient-ils pas donnés la satisfaction de l'appeler la *Forêt Anglaise*, comme le dit Dampierre dans la relation de son *Voyage autour du Monde ?* Le *Saint-Laurent* ramena au fort Dauphin les douze insurgés de Pronis. Ces gens firent un rappprt des plus favorables sur l'île qu'ils venaient de quitter, sur sa fertilité et surtout sur sa salubrité, qui leur avait paru d'autant plus grande qu'ils avaient pour point de comparaison le climat de Madagascar. Cette attrayante description ne fit pas, pour le moment, grand effet ; et ce ne fut que vers le mois de septembre 1655, que sept français et six noirs de Madagascar se transportèrent à Bourbon sous le commandement d'un sieur Antoine Taurean qui avait une permission de Flacourt, ou même une délégation puisque, autrement, on ne l'aurait pas reconnu comme chef et on ne lui aurait pas obéi.

Au reste, ces colons de la première heure ne se fixèrent point à Bourbon ; ils eurent contre eux les saisons et les hommes. Ils s'étaient établis à Saint-Paul, près de l'Etang ; ils s'étaient construit des maisons ou plutôt des cases et avaient commencé quelques cultures. Malheureusement l'année 1657 débuta, dès le 1ᵉʳ janvier, par un ouragan accompagné de torrents de pluie qui firent déborder toutes les ravines et faillirent submerger les habitants dont les plantations furent détruites et les cases renversées. On se remit bravement à l'œuvre : autres plantations faites, autres cases construites ; mais, l'année suivante (1658), au mois d'avril, nouvel ouragan qui fondit sur l'île et fut aussi funeste que celui de l'année précédente. Les habitants étaient encore à se désoler de leurs peines perdues, lorsque le 28 mai mouilla, dans la baie de Saint-Paul, le navire Anglais, le *Thomas-Guillaume*, commandé par un nommé Gosselin, lequel, s'apitoyant sur le sort des Français, leur persuada de prendre passage à son bord. *Chan-*

ger de lieu, c'est le conseil du Cormoran de la fable, ce fut aussi celui de Gosselin. Les Malgaches établis dans l'île ne voulurent point être laissés de l'arrière et s'obstinèrent à partir avec les autres. Mal leur en prit à tous, car arrivés dans l'Inde, à Madrapatan, Gosselin abandonna les français à leur mauvaise destinée, s'empara des Malgaches et les vendit comme esclaves.

Nous ne saurions dire si l'insuccès de ces premiers colons empêcha, pendant un temps, d'autres aventuriers de courir les mêmes chances, ou s'il y eut seulement un concours de circonstances négatives ; mais, ce qui est certain, c'est que ce ne fut que cinq ans après (en 1663) qu'un sieur Payen, suivi d'un autre français, quitta Madagascar et se transporta à Bourbon avec sept noirs et trois négresses. C'est à partir de cette époque que l'île paraît avoir été sinon colonisée dans l'acception propre de ce mot, du moins définitivement habitée.

La Colonisation sérieuse et permanente doit être rapportée au 8 août 1665, jour où la flotte de la Compagnie des Indes ayant à son bord M. de Baussée avec le titre et les pouvoirs de Directeur, quitta Bourbon où elle avait séjourné plus d'un mois et que la Compagnie, créée par Colbert, venait tout récemment de faire comprendre dans l'étendue de son privilége.

M. de Baussée laissa à Bourbon vingt ouvriers qui devinrent les souches des principales familles de l'île. Il leur donna pour commandant Etienne Regnault, que les registres de l'Etat civil appellent aussi Hoareau Regnault, mais qu'aucun lien de parenté ne rattache à la famille Hoarau, très ancienne elle-même et qui, à l'heure actuelle, a des représentants dans toutes les parties de l'île. Quoi qu'il en soit, si c'est aux hommes de M. de Baussée qu'il faut rapporter la fondation de la Colonie, il ne s'en suit pas que celle-ci, comme nous l'avons dit ci-dessus, n'eût déjà quelques habitants domiciliés ; mais ils vivaient sous leur propre indépendance; il était bon dès lors de les contenir et de faire un peu de police parmi eux : Ce fut là probablement la mission supplémentaire de Regnault et de sa Compagnie.

Les français s'établirent à l'Est de l'Etang de Saint-Paul, comme l'avaient fait les premiers visiteurs qui faillirent y être submergés par le débordement des ravines. La leçon avait porté fruit : aussi choisit-on une station tirant un peu plus vers le nord de l'Etang, parallèlement au lieu où se trouve actuellement la sucrerie de Savannah. Ce point et les environs immédiats furent ce qu'on nomma depuis, *le Vieux-Saint-Paul*, qualification qu'on rencontre déjà dans les titres de 1670, ce qui indiquerait l'existence du *nouveau Saint-Paul*.

Une église en bois fut bâtie et a subsisté longtemps ; elle est d'ailleurs fort nettement indiquée sur un plan de Saint-Paul dressé en 1720 et encore dans l'hydrographie française de Bélin, sur une carte datée de 1763, mais que plusieurs particularités forcent de reporter à une époque bien antérieure. Ainsi, on avait une Eglise, mais on n'avait pas de prêtre. Le premier qui se présenta fut un cordelier du nom de Louis, anonyme de Matos, embarqué sur un navire de la flotte de Mondevergne, lequel, comme on sait, fit d'assez mauvaise besogne à Madagascar. Ce religieux, après avoir relâché au Brésil, fit escale à Saint-Paul et y remplit, pendant quelques mois, les fonctions ecclésiastiques. Quoi qu'il soit reparti, en effet, avant la fin de l'année, il n'en prit pas moins le titre de curé de Saint-Jacques et de Saint-Paul, en raison de l'Eglise que Regnault avait fait construire ; ce fut même lui qui baptisa Etienne Beau, fils de Pierre Beau, désigné comme le premier *enfant blanc* qui fut né dans la Colonie. Il ouvrit à cet effet un registre curial (7 août 1667), mais ce registre ne paraît pas avoir été tenu avec beaucoup de régularité par ceux qui sont venus après lui. L'anonyme de Matos ayant donc quitté Bourbon pour suivre son voyage, le sieur Fourdié, prêtre de la mission, malade des fièvres prises au Fort Dauphin, arriva peu de temps après, vers le mois d'octobre, se fixa à Saint-Paul et y séjourna jusqu'en 1671. Il doit être considéré comme ayant été le premier curé de l'île, de même que Regnault en a été le premier gouverneur ou commandant, peu importe le nom. Un capucin, nommé le père Bernadin, remplaça Fourdié. En 1673, il n'était déjà plus dans l'île et son successeur n'arriva que trois ans après, en 1676 ; seulement, dans l'intervalle, l'aumônier de M. Jacob de la Haie administra les sacrements pendant la durée de son séjour dans l'île, en 1674. Ajoutons encore qu'il ne serait pas impossible que le père Bernardin fût revenu à Bourbon ; nous l'y retrouvons en 1680, dans deux actes de baptême dressés à Saint-Paul, où il prend le titre de gouverneur pour le Roi. Le capucin-gouverneur n'a d'ailleurs célébré aucun mariage pendant sa résidence dans l'île, ce qui dit assez combien la population était alors restreinte.

Il ne faut pas compter, comme quelques-uns l'ont fait, parmi les créateurs de l'Eglise coloniale, les sieurs Vacher et Langlois, missionnaires destinés pour Siam, qui se dirigèrent bientôt sur Madagascar où le père Vacher a fait parler de lui. Ce même Vacher a donné, de Bourbon, bien que son séjour y ait été de peu de durée, une description presque enthousiaste. Il constate « que déjà alors

« (1669) la vigne, le blé, les dattes et la canne à sucre y
« avaient été introduits et surtout qu'il n'existait dans
« l'île ni scorpions, ni vipères, ni serpents, de sorte, dit-
« il, qu'on peut marcher et reposer partout sur l'herbe
« avec assurance. »

Au demeurant, Vacher, homme sérieux, qui dit si bien ce qu'il a vu, ne parle nullement d'aucun de ces oiseaux semi-légendaires dont on s'est plu à décorer les îles Mascareignes, ni surtout du Solitaire dont l'existence paraît assez douteuse à Bomare, naturaliste de cabinet, si l'on veut, mais en revanche, doué d'un sens critique fort sûr. Disons toutefois, pour être juste, qu'en 1667, le hollandais Caron, qui avait passé au service de la France, s'arrêta à Bourbon en allant fonder le comptoir de Surate et qu'un sieur Carré, qui l'accompagnait, assure y avoir vu le Solitaire : « Cet oiseau, dit-il, ne ressemblerait pas trop
« mal à un coq d'Inde, s'il n'avait pas les jambes plus
« hautes; la beauté de son plumage fait plaisir à voir,
« c'est une couleur changeante qui tire sur le jaune; la
« chair en est exquise. » Si ce n'avait été le plumage, *tirant sur le jaune*, on pourrait sans trop se hasarder, ne voir dans le *Solitaire* qu'un de ces flamands dévoyés que les vents d'Ouest conduisent de temps en temps de Madagascar à Saint-Paul, ce qui expliquerait pourquoi ils sont *solitaires*.

A l'égard du sieur Carré, l'insipidité de la relation de son voyage aux Indes atténue singulièrement la valeur du témoignage.

Cependant le commandant Regnault, que tout nous représente comme un homme actif et capable dans la sphère restreinte où il opérait, avait fait cinq fois le tour de l'île, en bateau probablement, car il ne pouvait alors être question de routes à travers les forêts qui couvraient le pays. Il s'aperçut bien vite des avantages climatériques qu'offrait la partie *dite du vent*, et dès 1667, il y fit passer de Saint-Paul, où il se trouvait, quelques gens qu'il établit sur le bord de la rivière Sainte-Suzanne pour y faire des défrichements. Si, comme cela est probable, la carte jointe à l'ouvrage de Flacourt est très postérieure au voyage de l'auteur, l'habitation qui y est indiquée sous la désignation de *l'Assomption* ne peut être autre chose que la fondation de Regnault : celui-ci d'ailleurs ne se borna point à ce premier essai. Deux ans après, c'est-à-dire en 1669, il abandonna lui-même Saint-Paul et alla s'établir au nord de l'île sur le bord d'une rivière qui reçut le nom de Saint-Denis, de celui d'un poste qu'on y fonda. Une église ne tarda pas à y être construite sous le vocable de Saint-Louis, près du lieu qu'occupe aujourd'hui l'hôtel du gouverneur. Ce fut là l'origine de la ville actuelle. Regnault résolut d'en faire le siége du gouvernement, idée que Labourdonnais adopta dans la suite et réalisa en 1738.

Regnault resta en fonctions jusqu'au 4 décembre 1671, jour de l'arrivée à Bourbon de M. Jacob de la Haie. Celui-ci parti de France, en 1670, avec le titre de vice-Roi des Indes et à la tête d'une flotte de dix vaisseaux, y compris le *Navarre*, de 56 pièces de canon, qui portait le guidon d'amiral, s'était rendu directement à Madagascar où il arriva en novembre 1670 ; et après y avoir séjourné un an entier, il se rendit à Bourbon.

Son premier soin fut de procéder pour la troisième fois à une prise de possession dans une localité qui en a reçu et gardé le nom : la pierre qu'il fit graver en relief à cette occasion, retrouvée longtemps après, fut transportée à

Saint-Denis. A la suite de diverses vicissitudes elle fut, par ordre de M. de Saules de Freycinet, alors gouverneur, incrustée en 1823, dans les gros murs de l'hôtel du gouvernement, où respectée en 1830 et respectée en 1848, elle subit une éclipse momentanée à l'époque de la proclamation de l'Empire ; M. Hubert de l'Ile, gouverneur à son tour, se scandalisa des fleurs de lis qu'elle portait, et n'osant la faire disparaître à cause de son caractère historique, il la fit ingénieusement masquer par une glace.

Jacob de La Haie, que nous reverrons plus tard à Bourbon, n'était pas, à beaucoup près, un marin de médiocre capacité ; sa mort fut glorieuse ; il fut tué sur son banc de quart, en enlevant une flotte ennemie. Le voyageur Chardin a, il est vrai, cherché à le déprécier en prétendant qu'il s'était attardé à Madagascar, lorsque ses instructions lui désignaient l'île de Banca comme but de son expédition ; mais Chardin, habile joaillier, n'avait aucune qualité pour parler des affaires de terre ou de mer.

M. Jacob de La Haie, en quittant Bourbon, donna pour remplaçant à Regnault un nommé Lahure, Laheure ou Laheusse (l'ortographe du nom étant définitivement indécise). C'est à lui qu'on attribue l'acte sauvage d'avoir fait écarteler un de ses subornonnés avec lequel il était en état d'hostilité déclarée et d'en avoir fait exposer les membres dans diverses localités, notamment dans celle qu'on a depuis appelée à Saint-Denis le *Quartier Véron*, du nom que portait le malheureux supplicié. Ce récit d'ailleurs se termine dans la légende conformément aux règles de la saine morale : Lahure fut rappelé en France, livré aux tribunaux, jugé et finalement pendu. Toujours est-il que dès 1672, il avait quitté Bourbon et s'y trouvait remplacé, au moins temporairement, par le sieur Fleurimont, qui mourut l'année suivante, assassiné dans une ravine près de Saint-Gilles, d'où le nom est encore resté à la localité. Ce fut le même Fleurimont (on le prétend du moins), qui introduisit dans la Colonie la plante nommée Pagode (*Panicum costatum*) dont les graines font de si pénibles blessures, afin de forcer les habitants, qui allaient nu-pieds, à acheter des souliers dont les magasins de la Compagnie restaient encombrés faute d'amateurs. Ce fait, tout ridicule ou au moins tout bizarre qu'il paraît, n'est peut-être pas absolument invraisemblable. Il faut tenir compte des temps, des lieux et des hommes. Nous avons connu, il y a longtemps, une dame fort âgée, dont le père Créole de vieille souche, plus que millionnaire, mangeant dans de la vaisselle plate à la campagne comme à la ville, allait à la ville comme à la campagne toujours nu-pieds.

La Colonie reçut, en cette année 1672, un surcroît de population et devint, pour un temps, le chef-lieu des établissements de la Compagnie dans nos parages. Le Fort-Dauphin déjà une première fois pris et repris en 1656 et à la sûreté duquel M. de la Haie n'avait pas suffisamment pourvu lorsqu'il quitta Madagascar, fut surpris par les naturels le 4 décembre et la garnison massacrée. Le désastre ne fut pas tel cependant que bon nombre d'habitants ne pussent s'échapper et se réfugier à Bourbon. Les papiers mêmes et beaucoup de registres furent sauvés. Il existe encore aux archives de la marine à Saint-Denis, un registre, en très-mauvais état, allant de 1665 à 1670; c'est un registre d'insinuations. A ce titre, il renferme la copie de plusieurs contrats de mariage qui intéressent des familles de Bourbon, notamment les Broccus et les Huet. Il renferme surtout un nom qui, de notre temps, est devenu célèbre dans la science : on y lit, à la date du 2 mars

1668, le mariage de Daniel de Candolle, horloger, graveur, demeurant au Fort-Dauphin, fils d'Abraham de Candolle, demeurant en la République de Genève (1).

Jacob de la Haie revint à Bourbon à la fin de 1674; il n'était plus sur son vaisseau amiral : Sa campagne de l'Inde n'avait pas été des plus heureuses. Après s'être emparé de la ville de Saint-Thomé, sur la côte Coromandel, où la tradition place le martyre de Saint-Thomas, ville alors puissante, il y fut bientôt assiégé et se ménagea une capitulation par laquelle on le ramènerait en France, non prisonnier. Il opérait donc son retour sur le navire hollandais le *Velze*, et quoiqu'il ne fit que passer à Bourbon, il n'oublia pas qu'il était vice-Roi des Indes et se donna la satisfaction de rendre, à la date du 1er décembre, une ordonnance renfermant en substance : « Obligation pour « tous les habitants de porter leurs denrées exclusivement « dans les magasins de la Compagnie pour en recevoir la « valeur tarifiée ; défense de rien vendre ni aux équipages « de navires ni aux étrangers ; prohibition de la chasse et « établissement de chasseurs jurés pour fournir les vian- « des et le gibier nécessaires aux habitants, enfin et sur- « tout, établissement d'un tribunal ou corps de notables « chargé de prononcer les condamnations méritées jus- « qu'à la peine de mort inclusivement. » Cette ordonnance, dont le caractère bénin pourrait être contesté, est la première qui ait été publiée dans la Colonie. L'original en existait encore aux archives en 1785, lorsqu'il fut livré à un nommé Brasseur, autorisé à se faire remettre un

---

(1) On trouve aussi aux archives coloniales un registre des actes tenus à Bourbon par Boncher, secrétaire fiscal et notaire, allant de 1704 à 1710 ; un autre, de Justamond, allant de 1719 à 1720 et un dernier enfin, de de Lanux, allant de 1722 à 1726.

grand nombre de documents, lesquels n'ont jamais été restitués et sont désormais perdus. Aussi n'est-il pas étonnant que, de l'année 1674 à l'année 1687, nous ne trouvions aucun renseignement sur ce qui se passa dans l'île. On croit seulement qu'un sieur Orgeret ou Auger, eut le titre de commandant vers l'année 1673. Sans prétendre nier absolument le fait, il nous suffit de dire, que nous n'en voyons aucune preuve. Au contraire, nous trouvons très-positivement Drouillart comme gouverneur pour le Roi dès le mois de janvier 1687. Qu'il n'ait eu que la qualité de simple agent, comme on l'a écrit, cela peut être, et semble même exact en droit, mais en fait, il est positif que Drouillart s'est attribué un titre beaucoup moins modeste ; il se montrait, il est vrai, fort discret sur l'article des concessions de terres, mais il assumait sans difficulté le caractère d'officier public et constatait les conventions entre particuliers. Le premier acte que nous connaissions et qui ait été, dans l'île, revêtu d'un caractère d'authenticité, a été reçu par lui le 15 janvier 1687 ; c'est le contrat de mariage d'un nommé Robert Duhal, dont une des descendantes a épousé, plus d'un siècle après, un homme qui a joué un grand rôle politique et qui a été, selon une opinion autorisée, le plus habile de nos financiers d'État. C'est encore M. Drouillart qui a reçu l'acte de vente d'une habitation située à Saint-Denis, à la ravine des *Bitors* et non du Butor, suivant l'orthographe, qui a prévalu. Tous ces actes entre particuliers semblent prouver que déjà la Colonie s'était développée et avait pris un certain accroissement : ce qui suit le prouve encore mieux. Le 15 mars 1687, les habitants de Saint-Denis, de Saint-Paul, de Sainte-Marie et de Sainte-Suzanne se mettent en rapport les uns avec les autres et établissent une taxe de six livres par tête de noir au profit de M. Cameheue, curé de l'île. C'est la première fois qu'on rencontre Sainte-Marie désignée comme localité distincte ; au surplus, la taxe dont il s'agit, et qu'une ordonnance du 9 janvier 1690 a maintenue au profit du père Hyacinthe que nous verrons bientôt jouer un rôle à son tour, a eu l'honneur assez médiocre, à notre avis, d'avoir ouvert de nos côtés la voie aux taxes et aux impôts.

Jusqu'en 1689, il n'y avait eu à la tête de la Colonie que de simples agents de la Compagnie, ou des commandants, personnages subalternes dont on était mal satisfait ; du moins, les habitants le disaient ; ils trouvaient en outre que le titre de commandant était au-dessous de l'importance qu'ils s'attribuaient un peu gratuitement ; par suite de ces idées, ils avaient écrit au Roi tout directement, comme cela se pratiquait alors, afin qu'il leur accordât un gouverneur. Le Roi (c'était Louis XIV) se montra bon compagnon « et faisant droit à la requête, répon« dit très-gracieusement : « Chers et bien-amés... nous « avons reçu la demande que vous nous avez faite d'un « gouverneur par lequel vous puissiez apprendre nos in« tentions et qui veille au bien général de l'île, tandis que « vous êtes appliqués à vos affaires particulières... Nous « avons fait choix du sieur Habert de Vaubulon pour être « votre gouverneur. » Mais Louis XIV n'était pas homme à comprendre que son représentant n'eût pas en mains une suffisante part d'autorité. Aussi Vaubulon fut-il pourvu de pouvoirs étendus : ce fut un vrai gouverneur à l'ancienne mode ; il avait *l'exécutif* et le *judiciaire* et prenait, par adjonction, le titre de *juge en dernier ressort de toutes matières à l'île Bourbon*. Arrivé le 1er décembre 1689, il entra immédiatement en fonctions. Les habitants étaient dans la joie. Ce fut justement l'affaire des grenouilles qui demandent un roi. Vaubulon ne tarda pas à déplaire : il avait, disait-on, le procédé rude et une propension trop grande à ce qu'on appelait des extorsions ; peut-être, d'autre part, voulait-il mettre un peu de régularité là où il n'y en avait guère et se faire obéir par des gens qui ne savaient pas beaucoup ce que c'était que la soumission au commandement. Il devait leur déplaire que Vaubulon eût fait un règlement restrictif de la chasse et surtout qu'il eût défendu de prendre quoi que ce fût dans la réserve qu'on appelait la Possession du Roi, située au-delà de la rivière des Galets. Pour conclure, le 26 novembre 1690, moins d'un an après son arrivée, les habitants se saisirent de lui à Saint-Paul et l'envoyèrent garder prison à Saint-Denis. La tradition porte que le père Hyacinthe, capucin et curé de l'île, était à la tête du complot et que ce fut du haut de l'autel, en des termes dont sa robe et le lieu relevaient la classique énergie, qu'il donna le signal du mouvement. Les biens de Vanbulon furent pillés sous prétexte de compensation. Ce mode d'opérer, par trop expéditif, ne pût être, on le conçoit, approuvé par la Compagnie qui, pourtant, soit qu'elle ait puni les mutins, ce dont il n'y a aucune trace, soit qu'elle n'ait pas été au-delà d'un simple blâme, sut fort bien en l'année 1692, comme on le verra ci-après, tirer profit de ce qui avait été fait.

Cependant le gouverneur renversé et emprisonné, il en fallait un autre ; on ne pensa pas, cette fois, à s'adresser au Roi. On eut recours à Drouillart précédent commandant, qui se trouvait à Bourbon : il reprit ostensiblement l'administration des affaires sous le titre de *gouverneur par le choix des habitants*. Tout porte à croire que le père

Hyacinthe, trop prudent pour se mettre en évidence dans des circonstances aussi délicates, se réserva, en réalité, la meilleure part du pouvoir local. Quant au pauvre Vaubulon, il fut trouvé mort dans sa prison le 18 août 1692. Le père Hyacinthe qui connaissait ce qu'on doit d'honneur au rang et à la dignité, a eu soin de constater sur ses registres, *qu'aussitôt qu'il eut appris cette funeste nouvelle, il fit un service avec la messe et cinq décharges de mousqueterie*; du reste, il prolongea son séjour dans l'île jusqu'en 1696, époque à laquelle il rentra paisiblement en France, sans jamais avoir été inquiété pour la part qu'il pouvait avoir prise au fait *du 26 novembre*, fait qui dégénéra bientôt en question d'intérêt pécuniaire.

En effet, Vaubulon avait délivré bon nombre de concessions de terre, sans qu'il parût qu'il l'eût fait gratuitement; tout au contraire, on alléguait qu'il avait forcé la main aux concessionnaires et leur avait extorqué diverses sommes d'argent. Ce fut le motif allégué pour justifier le pillage qui avait eu lieu de ses biens. La Compagnie, mécontente de Vaubulon et restant même sa créancière, désirait faire annuler les concessions qu'il avait consenties : elle avait alors pour agent à Bourbon, Michel Fierelin, qui y prenait, on ne sait pourquoi, le titre de commandant. Cet homme, moitié marchand moitié procureur, eut recours à un biais : il remit sur le tapis le pillage des biens de Vaubulon dont la Compagnie exerçait les droits en qualité de créancière; il effraya les gens; et, au moyen d'un remboursement réel, ou plus probablement fictif, des sommes prétendues extorquées aux concessionnaires, il fit souscrire à ceux-ci une renonciation au profit de la Compagnie des titres émanant de Vaubulon et une reconnaissance formelle de la nullité des concessions. Les habitants gardèrent d'ailleurs leurs immeubles et la Compagnie ne se réveilla qu'en 1717 pour introduire une demande en revendication dont le résultat importe peu. Cette affaire n'offre quelque intérêt que parce qu'elle explique, jusqu'à un certain point, beaucoup de ratifications postérieurement faites de concessions en apparence régulières. Le malheureux gouverneur Vaubulon n'avait pas exagéré les choses, et le total des spoliations dont on le chargeait, n'allait pas au-delà de 2,408 francs. Aujourd'hui, avec cent fois plus sur la conscience et des amis politiques, on pourrait mourir dans son lit et honnête homme. Il y a mieux, rien ne prouve que Vaubulon n'ait pas agi pour le compte de la Compagnie; il s'était sérieusement occupé de la matière des concessions qu'il s'efforça de réglementer, à l'effet de quoi il fit ouvrir, le 2 mai 1692, un registre où tous les titres devaient être transcrits en entier; jusque-là, les concessions se délivraient sur des feuilles détachées dont quelques-unes furent plus tard déposées dans les études de notaires, mais dont une bonne partie fut égarée. Malheureusement, les prescriptions de Vaubulon ne furent pas exactement suivies et pendant plusieurs années encore, après 1692, la transcription des titres de concession sur les registres administratifs a été si fort négligée qu'on doit tenir pour certain que si, aujourd'hui, un titre ne se trouve pas sur ces registres, il ne s'en suit pas qu'il n'ait pas été délivré.

Disons ici, par forme de renseignement, qu'à cette époque (1692) la journée de l'ouvrier blanc n'était que de 15 sous, soit 0 fr. 75 centimes, ce qui ne suppose pas une grande activité intérieure.

Le sieur de Prades arriva en 1693, avec le titre de commandant et resta trois ans en fonctions. Il paraît avoir vécu en bonne intelligence avec ses administrés dont il se faisait aider, ayant soin de leur soumettre ses règlements et de prendre d'eux l'obligation personnelle de les observer *jusqu'à nouvel ordre*. D'autre part, on avait donné un certain développement à l'idée que Jacob de la Haie avait eue en 1674 de créer un corps de notables. Ce corps, ou cette commission, composé de six membres par voie d'élection, avait évidemment revêtu un caractère administratif et était, comme le disent les actes du temps, *chargé de prendre connaissance des affaires de l'île Bourbon*. Il siégeait à Saint-Paul, tandis que, à Saint-Denis et à Sainte-Suzanne, les deux seuls quartiers qui existaient en outre, deux habitants qualifiés *principaux* furent chargés d'administrer sous la surveillance de la commission de Saint-Paul à laquelle ils avaient à rendre compte de ce qui pourrait *arriver d'extraordinaire dans leurs localités*. Au fond, c'était une municipalité centrale avec ses délégués. On ne voit pas trop quelle était, en présence de cette commission, le rôle du commandant; il est probable que celui-ci s'effaçait un peu, sauf pourtant son droit de confirmation du personnel. La chasse dans les forêts était en première ligne l'objet de l'attention générale; une partie de l'alimentation publique reposait sur elle : il fallait empêcher la dévastation du gibier; une réglementation était indispensable, et les six élus s'y évertuèrent : ils fixèrent les limites des terrains qu'il était permis de parcourir, la durée du temps pendant lequel les chasseurs devaient rester absents, comme aussi l'époque précise où il était licite de se mettre en campagne ; c'était, au petit pied, une loi sur la chasse; l'amende n'y fit pas défaut; elle fut d'abord de 20 livres contre les contrevenants et bientôt après de 30 livres : la moitié de cette amende était affectée au paiement de ceux qui iraient à la recherche des *noirs marrons quand il y en aura,* ajoute un document du 23 janvier 1696, ce qui prouve qu'à cette époque s'il y avait déjà des esclaves fugitifs, c'était accidentellement seulement et qu'on n'avait encore rien à craindre de leur part.

Au sieur de Prades succéda, en 1696, le sieur Bastide, toujours avec le simple titre de commandant, mais avec un droit plus ou moins défini, paraît-il, de délivrer des concessions en fonds de terre ; aussi signa-t-il sans difficulté celle qui nantissait un certain chirurgien-major au service de la Compagnie, des belles habitations situées près de l'Etang-de-l'Assomption à Sainte-Suzanne, concession qui nous servira à prouver avec quelle légèreté les questions du domaine ont toujours été traitées dans la Colonie. Datée de 1696, elle fut confirmée purement et simplement en 1720 ; mais un des héritiers du concessionnaire jugeant qu'il serait bon de tout garder pour lui seul, obtint l'annulation de la concession primitive, et, en même temps, s'en fit faire une autre des mêmes terres en son propre et privé nom. Quelques années après, cette nouvelle concession fut à son tour mise à néant et celle de 1696 restaurée en pleine vigueur.

En 1698 arriva M. Lacour en Saulais, simple commandant, disent les uns, mais plus probablement, comme il se qualifiait lui-même, *gouverneur* pour le Roi et juge en toutes affaires civiles et criminelles. Il paraît avoir résidé de préférence à Saint-Denis, dont le premier acte de l'Etat civil, conservé aux archives municipales, date du 21 octobre de cette année : c'est un acte de mariage (1). Jus-

---

(1) De Jacques Huet (de Rouen.)

que là, en fait de titres, ou bien il n'y avait rien eu de régulier, ou ce qui existait avait été perdu. Ajoutons qu'on retrouve sur les registres curiaux de Saint-Paul, un assez grand nombre d'actes qui appartiennent à Saint-Denis. Dans l'origine, les curés n'étaient guère que des missionnaires de passage qui écrivaient leurs actes sur des feuilles volantes, les uns en français, les autres en latin, selon qu'eux-mêmes étaient ou français ou étrangers : ces feuilles réunies, sans distinction de paroisse, paraissent avoir été recopiées par un curé de Saint-Paul qui, naturellement, a gardé son travail pour son église. Ainsi s'explique la présence à Saint-Paul de documents qui appartiennent très-certainement à Saint-Denis, tel, par exemple, qu'un acte de mariage à la date du 17 juillet 1694, qui constate lui-même que la célébration a eu lieu à Saint-Denis. Au reste, le prêtre qui se serait chargé de rassembler les actes jusque là disséminés de tous côtés, a eu soin de faire remarquer qu'il s'agissait des *mariages* célébrés dans les diverses paroisses de l'île, avec le mois de mars 1694 pour point de départ : il n'avait rien trouvé au-delà.

Cependant les concessions de terre se faisaient tous les jours avec une facilité, disons plus, avec une légèreté extrême ; mesurer, aborner convenablement ce que l'on concédait n'était pas tenu chose nécessaire : de là, par la suite, confusion et embarras. On a surtout à mentionner dans ce genre d'excès trois concessions : l'une du 17 octobre 1698, à François Mussard, d'un immeuble qualifié *place*, entre la ravine des Sables et la grande ravine à Saint-Paul ; l'autre, du 24 novembre, à Thérèse Mallet, femme Duhal, d'un immeuble qualifié *place*, également situé à Saint-Paul, entre la ravine de l'Hermitage et celle de Saint-Gilles, ayant une lieue de long sur un quart de lieue de large, ce qui était, sans contredit, une *belle place;* et la troisième, enfin, à Chauveau et consorts d'une habitation située entre la ravine de Saint-Gilles et celle des Sables.

Ces trois titres qu'il ne paraît pas très aisé de faire accorder ensemble, ont donné lieu plus tard à de nombreux procès qui se sont étendus jusques aux conseils du Roi ; et à la suite desquels, par mesure finale, la ligne de séparation dite Duhal a été tirée dans les terrains de Saint-Gilles. Il faut rattacher en outre, à cette affaire, un arrêt du Conseil supérieur du 4 novembre 1727 qui prive Athanase Touchard et ses enfants de leur concession, le procureur général disant : « Qu'obligé de rechercher les « fainéants, il compte parmi les plus condamnables Atha-« nase Touchard défunt et ses héritiers. » Ce Touchard, cependant, ne semble pas avoir été aussi mal vu de la population que du Conseil supérieur. C'est lui, en effet, qui a donné naissance à l'ancien dicton créole, « être de l'avis « du compère Athanase » pour dire être de l'avis de tout le monde. C'est même lui qui a joué le rôle d'Esprit frappeur dans cette scène nocturne où le curé de Saint-Paul, homme sérieux d'ailleurs, fut si complètement trompé et si bien épouvanté qu'il consentit, en violation des règles canoniques, à dire lui-même trois messes dans un jour pour le repos de l'âme d'Athanaze Touchard qui, apparemment, en avait besoin, comme l'avait pensé le Procureur général.

Le sieur Lacour en Saulais signa encore, le 22 novembre 1698, une concession majeure et qui intéresse aujourd'hui un grand nombre de propriétaires : c'est celle qui, sous le nom de la *Marre*, s'étendait du bord de la mer au sommet des montagnes, entre la Rivière-des-Pluies et la ravine des Figuiers. Toutes les concessions de cette époque avaient évidemment un caractère précaire dont la cause nous échappe ; aussi était-on dans la nécessité de les faire revoir et assurer souvent. Nous avons vu ce qui s'était passé à l'occasion des concessions du Grand-Etang à Sainte-Suzanne et ce qui était advenu de la concession Touchard. Quant à celle de Lamarre, le propriétaire jugea prudent de la faire confirmer le 13 novembre 1703 et confirmer encore ou plutôt renouveler le 26 juillet 1724. On est tout porté à croire que la *clause résolutoire de mise en valeur dans un délai déterminé* a fourni souvent à la Compagnie l'occasion ou le prétexte de rentrer en possession de certains biens à sa convenance ; était-il si difficile lorsqu'une concession embrassait près d'une lieue d'étendue de prouver, au bout de quelques années seulement, que les forêts qui la couvraient n'avaient pas été abattues et que, par conséquent, elle n'avait pas été mise en culture.

Ne quittons pas ce qui est relatif aux concessions, sans indiquer celle qui a été faite à Emmanuel Técher le 18 février 1699, de tout le terrain compris entre la ravine à Marquet et la ravine à Malheur, augmentée plusieurs années après (25 octobre 1728) de tout ce qui se trouve entre la ravine à Malheur et la grande Chaloupe ; de sorte que Técher avait là un bien d'un seul tenant, large de 1,500 gaulettes (sept kilomètres et demi) et allant du bord de la mer au sommet des montagnes. Que cette vaste propriété ait été partagée régulièrement entre les 13 enfants que laissa le concessionnaire originaire, c'est ce qui n'apparaît nulle part ; toujours est-il qu'elle forme seule aujourd'hui la presque totalité d'une section de commune fort peuplée et fort intéressante.

M. de Villiers, qui, en juin 1701, remplaça M. de Lacour en Saulais, avec le titre de gouverneur pour le Roi et pour la Compagnie des Indes, resta plusieurs années en fonctions et n'a laissé que peu de traces de son passage aux affaires, si ce ne sont les mesures prises par lui pour empêcher l'évasion des esclaves qui enlevaient les canots, et se hasardant en pleine mer sur ces chétives embarcations, périssaient misérablement ; notons encore son intervention dans un cas de séduction où, en sa qualité de *juge de toutes matières*, il ordonna que le mariage s'en suivrait purement et simplement, et qu'on mettrait de côté le *cheval de bois*. On prétend que deux tamariniers qui se voient encore près de l'Eglise de Saint-Paul prêtaient leur ombrage à ces expositions indécentes où l'on offensait l'honnêteté publique, sous prétexte de venger les mœurs.

L'honneur échut encore à M. de Villiers, à peu près à la même époque, de recevoir dans son gouvernement le cardinal Maillart de Tournon, légat du pape Clément IX, en route pour l'extrême Orient où il devait mettre un terme à tous les usages contraires à la foi catholique que le trop de tolérance ou le trop de politique des missionnaires avait laissés s'introduire : c'est-à-dire, à Pondichéry les *rites malabars*, et en Chine le culte du *Ciel* et des *ancêtres*. Ce légat, qui devait compter parmi ses arrière-neveux (1) le poète Alfieri, démocrate ampoulé, que ses congénères ont si vertement corrigé, le légat, disons-nous, s'arrêta quelques jours à Bourbon, et donna la confirmation dans la paroisse de Saint-Paul le 15 août 1703, lorsque le sieur Pierre Macquer était curé de toute l'île. Celui-ci fit plus tard construire une église, toujours à Saint-Paul et la consacra, le 24 mars 1709. Il est bien

---

(1) La mère d'Alfieri était une Maillart de Tournon.

entendu que, malgré une certaine identité de position, ce n'était pas l'église actuelle qui s'y substitua très-postérieurement puisque la concession du terrain où elle est située date seulement de 1732. Le patron (il y eut débat sur ce point) fut-il saint Paul, apôtre, ou saint Vincent-de-Paul ? Les initiales V. P. qui ornent encore la balustrade du chœur, plaidaient en faveur du saint, mais dans l'intérêt de l'apôtre qui eut finalement gain de cause, on répondait que la balustrade était le fait d'un lazariste qui, avec le V. P., essaya de donner le change et d'accaparer au profit du fondateur de son ordre, un honneur qui ne lui revenait pas et dont n'avait d'ailleurs pas besoin une des plus nobles figures que l'Eglise catholique ait à revendiquer. Macquer ne s'en tint pas là, il fit réparer la Chapelle des Anges, située sur la place d'armes et qui, rasée seulement en 1868, avait été primitivement fondée par un sieur Mussard désireux de soulager sa conscience de quelques noirs marrons irrégulièrement tués par lui.

En 1704, nous voyons paraître le premier officier public en titre : ce fut le sieur Boucher, sous la qualification de secrétaire fiscal ; il était chargé à peu près de toutes les écritures publiques et notamment de la réception des actes entre particuliers. En 1709, les forbans dont nous aurons à parler encore parurent à leur tour : le 10 novembre mouilla dans la rade de Saint-Paul, un navire monté par ces écumeurs de mer ; cette fois, il ne s'agissait pas de piller, mais de trafiquer : en fait, la Colonie n'a jamais eu à se plaindre d'actes de violence ou de déprédation de leur part. Elle était un lieu de ravitaillement sûr et commode, il fallait la ménager ; les bons procédés paraissent d'ailleurs avoir été réciproques ; aussi les arrivants du mois de novembre ne furent-ils pas trop mal reçus par la population. Survint pourtant un trouble-fête inattendu. Un missionnaire du nom de Lamothe qui se trouvait, de hasard, à Saint-Paul, profita de ce que le curé était malade, monta en chaire à sa place et reprocha vivement aux habitants de s'être mis en rapport avec les pirates, d'avoir commercé avec eux et surtout de leur avoir vendu des armes. Il alla même jusqu'à accuser le gouverneur de Charainville qui, vers 1706, avait succédé à M. de Villiers, d'avoir prêté la main à toutes ces illégalités. Charainville se borna à une dénégation pure et sèche et les choses, pour lui, n'allèrent pas plus loin, à moins pourtant que sa retraite n'ait été l'effet des dénonciations du missionnaire. Nous le voyons, en effet, remplacé presque immédiatement par M. de Villiers, lequel, cette fois, ne fut que simple commandant ; ce qui semblerait indiquer un intérim.

Quant aux forbans, ils n'en continuèrent pas moins à fréquenter nos côtes, comme aussi les habitants à trafiquer avec eux, trouvant un avantage évident à s'affranchir des entraves commerciales imposées par la Compagnie. Ces relations, durant les années suivantes, ne firent même que croître et se développer : si bien que le ministère, soit *proprio motu*, soit plutôt pressé par la Compagnie, jugea nécessaire de faire quelque chose pour y porter remède. On était au fort de la lutte pour la succession d'Espagne ; on n'avait guère à disposer que d'ordonnances, dès qu'il s'agissait de parages aussi lointains. On s'empressa donc d'en formuler une sous la date du 15 janvier 1711, pour prohiber, sous peine de galères, toute espèce de commerce avec les forbans, et afin que cette ordonnance pût être appliquée, le Roi, par son édit du 7 mars suivant, créa un Conseil Provincial à Bourbon. On sait que les Conseils Provinciaux étaient des corps de judicature particuliers que **Louis XIV**, dans le but de ménager les susceptibilités de ses nouveaux sujets, avait établis dans les provinces annexées par lui ou par son père, le Roussillon, l'Alsace, l'Artois. L'embarras fut de trouver dans la colonie un personnel suffisant pour composer le Conseil. On tourna la difficulté ; on prit un peu de tous côtés, sans regarder de trop près à la qualité et aux capacités spéciales. Le Conseil se composait donc des directeurs généraux et des directeurs particuliers de la Compagnie, lorsqu'ils se trouvaient dans l'île, du gouverneur, des *marchands pour la dite Compagnie* et des habitants français à choisir par le gouverneur et par les dits marchands, sans que le nombre en fût limité. Il paraît cependant que l'usage prévalut d'appeler au moins un habitant pour chacun des trois quartiers de l'île ; c'est ce qui semble résulter d'une délibération de l'année 1718, où il est dit qu'il n'y a aucun habitant de Sainte-Suzanne conseiller, *parce qu'il ne s'en trouve pas de capable*. L'expression est un peu crue, mais elle prouve, que la *capacité* était une des conditions nécessaires pour être conseiller, ce qui n'est pas à blâmer. Cette même délibération du 18 novembre 1718 fait justice de la prétention qui avait surgi, d'exiger outre les conditions ordinaires, certaines conditions exceptionnelles : elle dispose en termes précis *que les sang mêlés pouvaient être conseillers* : pour plus de sûreté, le fait fut immédiatement joint au droit.

Le Conseil provincial, aux termes de l'Edit de création, jugeait à trois membres en matière civile et à six au criminel. Au civil, les jugements étaient exécutoires par provision, et allaient en appel au Conseil supérieur de Pondichéry. Au criminel, où l'on suivait les formes ordinaires, en se conformant à l'ordonnance de 1670, les jugements étaient définitifs à l'égard des esclaves, mais pour ce qui concernait les français de naissance, les créoles et et les étrangers libres, on relevait appel au Conseil supérieur de Pondichéry, ou au Parlement dans le ressort duquel abordait le navire chargé des accusés. Selon l'ancienne législation, l'appel au criminel était de droit, et certes, dans certains cas, le voyage de Pondichéry devenait une aggravation de peine.

Le Conseil provincial, composé comme il l'était, se trouvait être en sus et en dehors de ses fonctions judiciaires, un corps tout à fait administratif et c'est même en cette dernière qualité qu'on le voit fonctionner le plus souvent: le nombre des ordonnances qu'il rendit sur les matières d'intérêt général est assez considérable; tantôt il s'agit de la chasse, des prisons, de l'exercice militaire etc., tantôt du prix des vivres, les *habitants ne pouvant vendre à plus ni moins que ce qui était ordonné*, ce qui constituait un maximun en miniature : d'autres fois on détermine le nombre de noirs à introduire, d'autre fois encore, on prie la Compagnie de ne pas insister pour qu'on achète certain tableau d'autel qu'elle avait envoyé, ou enfin, on la remercie (1718) de l'offre qu'elle faisait d'expédier un navire pour prendre chargement dans l'île, *n'ayant* actuellement, ajoutait-on, *aucunes denrées pour y satisfaire*; phrase qui donne la mesure du peu de développement qu'avait pris la Colonie sous le régime exclusif de la Compagnie des Indes.

Ce fut précisément parce qu'il avait des attributions administratives, que le Conseil provincial fut bientôt chargé de mettre une certaine régularité dans la matière des concessions de terres. On a vu ci-dessus, que les Gouverneurs s'étaient donné de grandes libertés, à cet égard, ou plutôt, tranchons le mot, qu'ils avaient agi fréquemment à l'étourdie. On pensa que le meilleur mode de redressement, serait de reprendre les choses par la base ; et une ordonnance du Roi du 27 février 1713, enjoignait aux habitants de rapporter leurs contrats de concession au Conseil provincial, qui leur en délivrerait de nouveaux. Si cet acte qui, au fond, mettait en question tous les titres territoriaux, ne fut pas exécuté avec une entière rigueur, il l'a pourtant été assez sérieusement pour que ceux qui avaient mis leurs fonds en valeur, et qui tenaient à ne pas être troublés ultérieurement, se pourvussent en ratification. Au reste, l'ordonnance de 1713 ne ménage ni les avertissements, ni les menaces. Faute d'exploitation suffisante dans un délai déterminé, les terres rentraient aux mains de la Compagnie pour être concédées *à des individus plus laborieux*. La déchéance à prononcer, dans le cas dont il s'agit, appartenait très évidemment au Conseil provincial qui, d'autre part, donnait assez souvent des arrêts de règlement.

Deux de ces arrêts relatifs aux biens fonciers doivent surtout attirer l'attention ; l'un est du 4 novembre 1714 et prescrit l'ouverture de chemins de traverse dans les habitations pour faciliter le transport des denrées, mesure nécessaire sans doute, mais qui constituait des servitudes légales, source plus tard de beaucoup de procès. L'autre arrêt, du 24 février 1715, a conservé sa force jusqu'à l'établissememt du système décimal dans la Colonie ; c'est celui qui attribue le caractère légal à la gaulette de 15 pieds comme mesure agraire. Deux localités seules, à notre connaissance, s'affranchirent de la règle ; la première, à Sainte-Marie, près de la ravine des Chèvres et l'autre à Saint-Denis, à l'ouest du Butor, la gaulette y était de 12 pieds.

Les affaires ecclésiastiques dans la Colonie, quelque importance qu'on y attachât, avaient été jusque là livrées assez à l'aventure. On avait eu comme pasteurs, tantôt des prêtres séculiers, tantôt des missionnaires, tantôt des religieux sortis de tous les ordres. En 1714, on avisa à quelque chose de plus régulier ; une convention fut passée à Paris avec les Lazaristes ou prêtres de la *Congrégation de de la mission*, et dès le mois de décembre de la même année, on leur fit remise du service spirituel de la Colonie qu'ils gardèrent jusqu'à la révolution, ou peut-être même jusqu'en 1815, faute de sujets. M. Daniel Renou, leur supérieur particulier, fut en même temps premier préfet apostolique de l'île, l'Archevêque de Paris restant métropolitain, comme il l'a été jusqu'à la création des évêchés coloniaux qui relèvent de l'Archevêché de Bordeaux.

Le mouvement ecclésiastique dont nous venons de parler eut lieu sous l'administration du sieur Parat, gouverneur de la Colonie depuis le commencement de 1710. Que le sieur Parat ait précisément satisfait ses administrés, c'est ce qu'on ne saurait affirmer et ce dont la négative ne prouverait pas beaucoup contre lui, car les habitants d'alors ne paraissent pas avoir été gens fort gouvernables. Il est de chronique certaine, dans la Colonie, qu'on avait organisé contre le gouverneur un singulier système de persécution : c'était de le poursuivre en quelque lieu qu'il fût, au logis, au dehors, à table ou au lit, avec une pluie de graviers ou de sable venant d'on ne sait où et partant de mains invisibles : l'agression revêtait de la sorte une tournure mystérieuse et fantastique qui avait son piquant pour tout autre que l'homme ainsi persécuté. Les apparences sont que le Conseil provincial, s'il n'était pas du complot, n'était pas non plus précisément mécontent de ce qui se passait et qu'il résolut de profiter des dégoûts du gouverneur pour se débarrasser de lui à la première occasion. Celle-ci s'offrit bientôt : le 11 novembre 1715, le Conseil s'assembla et ouvrit une longue et solennelle délibération ; un fait nouveau avait surgi. Un navire venant de Moka, c'est l'Académie des Sciences qui le dit dans ses mémoires, s'arrêta à Bourbon, porteur de quelques plants de caféiers ; et les habitants constatèrent qu'ils avaient chez eux un similaire de cet arbrisseau : c'était, en effet, un café indigène. Cette découverte qui ouvrait à la Colonie une nouvelle source de produits et de commerce, parut à tous si importante qu'on arrêta immédiatement l'envoi du gouverneur en France, afin de donner, soit à la Compagnie, soit au gouvernement, tous les renseignements nécessaires et de répondre aux objections qui pourraient être élevées contre le projet d'organiser un commerce de café ; on arrangea la chose au moins mal qu'on put. Le gouverneur, lui aussi, accepta de bon gré ce qui n'était peut-être au fond qu'une expulsion déguisée et partit immédiatement. D'autre part, nous n'oserions pas prétendre qu'il n'eut pas lui-même son côté faible. On assure qu'arrivé en France et présenté au Régent auquel il ne dissimula pas toutes ses tribulations, ce prince qui avait le sens fin, dit, après que Parat se fut retiré : « Cet homme a de l'esprit, mais il est fou. »

Justamond qui remplaça Parat, ne fut qu'un intérimaire. Quant au café indigène, le Conseil provincial le prit au sérieux et sans perdre de temps, le 4 décembre 1715, il rendit un arrêté obligeant chaque habitant à planter et à entretenir 100 pieds de café par individu, de 15 à 60 ans, libre ou esclave. Ce café, comme on le sait, n'est pas absolument dépourvu de toute valeur commerciale ;

mais ce qu'il y eut de réellement utile dans l'attention qu'on lui prêta, c'est qu'elle suggéra l'idée bientôt après réalisée, de faire venir des semences du vrai café d'Arabie.

Cet incident, du café indigène, avait été précédé en l'année 1715 (20 septembre), d'un fait d'une autre nature et de bien autre importance, c'est-à-dire, de la prise de possession de l'île de France, au nom du Roi, par le capitaine Defresne, commandant le navire le *Chasseur,* conformément à l'ordre que lui en avait envoyé à Moka, où il se trouvait, M. de Ponchartrain, alors ministre de la marine. Les Hollandais, sous le commandement de l'amiral Cornélius Van-Nesk, avaient, il est vrai, pris possession de cette île pour la forme seulement en septembre 1598; ensuite ils y avaient fondé, en 1644, un établissement au Grand-Port, mais ils s'en étaient dégoûtés et l'avaient abandonné. Toutefois, afin d'éviter les réclamations de leur part, Defresne eut grand soin, dans le procès-verbal en sept originaux, qu'il dressa de son opération, de constater que l'île était absolument déserte et qu'il avait, au préalable, fait rechercher, de tous côtés, s'il ne s'y trouvait pas d'habitants.

En 1718, la Compagnie fit savoir à Bourbon qu'elle désirait qu'on envoyât quelques habitants s'établir à Maurice, nom qui était encore donné à l'île et qui lui revint plus tard.

Le Conseil surpris « et embarrassé par cette insinuation, répondit que quelques personnes étaient disposées à faire ce qu'on demandait, *mais après seulement qu'on aurait envoyé un expert sur les lieux pour s'assurer qu'on y pouvait vivre et se soutenir.* » Ce n'était qu'un moyen délatoire ; le Conseil savait fort bien que les habitants auxquels il prêtait des intentions adhésives, se souciaient fort peu de quitter leurs foyers. La Compagnie, de son côté, insista. Il fallut se résigner et mettre en réquisition, pour la colonisation de Maurice, un certain nombre d'individus qui, incontinent, se sauvèrent dans les bois où il n'était pas facile de les rattraper, surtout avec le personnel dont on disposait et qui était mieux intentionné pour les fuyards que pour la Compagnie. Ceci se passait en 1725 ; Maurice avait alors si peu d'importance que le sieur Denjou, qui en fut probablement le premier gouverneur, prêtait modestement serment en cette qualité, devant le Conseil supérieur de Bourbon (18 septembre 1724); au reste, nous verrons plus tard que Labourdonnais reprit et poursuivit l'idée d'une conscription locale et que ce fut même un des principaux griefs des habitants contre lui. On ne voit pas trop d'ailleurs quelles ressources la Colonie pouvait fournir à l'émigration. En 1717, la population ne s'élevait au total qu'à 2,000 personnes, dont 900 libres et 1,100 esclaves répandus, par le Nord, entre la rivière Saint-Etienne d'un côté et les Cascades de l'autre. Un règlement du 18 juillet 1716, qui délimite les quartiers, alors fondés, ne fait aucune mention de l'espace compris, par le Sud, entre ces deux extrêmes. Ce même règlement donne pour point de séparation entre Saint-Denis et Saint-Paul, la *Possession*, qui, ajoute-t-il, est le cap Saint-Bernard ; ce cap, aujourd'hui, on ne sait comment ni pourquoi ne se trouve plus là.

Nous avons vu ci-dessus qu'en 1715 le gouverneur Parat était parti avec mission d'annoncer à la Compagnie la découverte du café indigène au milieu de nos montagnes. L'Académie des Sciences s'étant occupée de ce fait, il acquit une certaine valeur, d'autant plus qu'Antoine de Jussieu, le premier du nom, avait publié, peu auparavant, un mémoire sur le café qui avait attiré l'attention du public. Parat, de son côté, avait heureusement apporté des échantillons du nouveau produit. Pour du café, c'en était très-certainement, mais un café inférieur. Depuis longtemps déjà les Hollandais avaient transporté le caféier de Moka à Java et déjà les Antilles l'avaient reçu par la voie d'Amsterdam et du Jardin des plantes de Paris. Ce qu'il y avait à faire s'indiquait alors de soi-même. Le sieur Beauvoillier de Courchant, qui revint ensuite prendre le gouvernement de Bourbon, fut envoyé dans la Mer-Rouge sur la flûte le *Triton*, commandée par M. Dufougerais Garnier ; il parvint, sans trop de peine, à se procurer des plants et des semences convenablement préparés du caféier de Moka, c'est-à-dire du caféier qui se trouve dans les vallées à l'Est de cette ville et rapporta le tout à Bourbon où il arriva en 1717. Cette date est positivement donnée comme celle de l'introduction du caféier, dans la Colonie, par un arrêt du Conseil supérieur du 1er décembre 1724. D'après une autre version, ce serait le sieur Boissière, commandant le navire l'*Auguste*, qui aurait transporté de Moka à Bourbon les premiers caféiers : la date de 1715, qui est indiquée donnerait plutôt à penser que l'*Auguste* était ce navire à bord duquel se trouvaient les plants destinés pour l'Europe et qui donnèrent l'éveil aux habitants par leur similitude avec le caféier indigène. (*Revue coloniale*, octobre 1862.)

Un siècle plus tard, vers 1822 ou 1823, les récoltes de café diminuant de jour en jour, on s'imagina que l'espèce avait dégénéré et l'on crut devoir charger un botaniste de profession d'aller au-delà de Moka, à Beit-el-Fakir, qui est le centre du commerce du café dans l'Yémen, chercher de nouveaux plants et de nouvelles semences ; il en rapporta en effet ; mais la chose était fort inutile ; aussitôt que l'on voulut reprendre sérieusement la culture du caféier, qui avait été trop longtemps délaissée, on retrouva, à l'aide des anciennes souches, les éléments de nouvelle et utiles plantations.

Le caféier de Moka était donc, en 1717, bien et dûment introduit à Bourbon. Les habitants, néanmoins, ne lui firent pas, dès l'abord, l'accueil gracieux qu'on avait lieu d'attendre. Tenant peu compte des avertissements de la Compagnie, ni des encouragements qu'elle offrait, il préféraient s'adresser au café indigène qu'ils recueillaient dans les bois et qui ne leur coûtait ni peine ni culture. Très probablement ils mélangèrent trop souvent ce café inférieur avec le café marchand ; ce qui explique pourquoi on trouva longtemps en France, au café Bourbon, un goût qualifié de *sauvage* qui le maintenait en grand discrédit. Cependant la Compagnie perdit patience et le 1ᵉʳ décembre 1824, par l'organe du Conseil supérieur, à peine établi, elle ordonna la mise en séquestre immédiat de toutes les concessions de terres sur lesquelles il n'y aurait pas des caféiers originaires de Moka et rapportant fruits dans la proportion de 200 plants par chaque noir cultivateur. Le Conseil supérieur ne s'arrêta pas en si beau chemin ; après avoir établi que quelques propriétaires avaient détruit volontairement leurs caféiers, acte qu'il qualifie de *crime*, il édicte que le fait, une fois prouvé, soit pour le *passé* (remarquez bien), soit pour l'avenir, serait puni de *mort sans aucune rémission ni égard à la qualité et à la condition des personnes*. Hâtons-nous d'ajouter que les choses se passèrent en douceur et que personne ne fut ni décapité ni pendu pour des caféiers abattus, mais remarquons en même temps, combien l'absurdité de l'ordonnance que nous venons de citer, témoigne de la médiocrité des gens que la Compagnie admettait à son service, et ne nous étonnons plus du mauvais succès de presque toutes ses opérations.

Elle semblait aller sans règle fixe et n'obéir qu'à l'impulsion du moment ; aussi la verrons-nous, pas plus loin qu'en 1743 et quoi qu'elle eût fixé (1724) le prix auquel elle paierait le café à 10 sous la livre, déclarer que le pays fournissait plus qu'elle n'en pouvait acheter et qu'il fallait, par conséquent, réduire les plantations. Mais le principe de contradiction semblait inné chez nos devanciers : au lieu de planter moins, ils plantèrent plus et si bien que les caféïries continuèrent à s'étendre jusqu'en 1802, date première du point d'arrêt. Alors une maladie attaqua et fit périr les *bois noirs* (mimosa Lebbek) arbre précieux que Gresle, créole lui-même de Bourbon, y avait introduit en 1767 et qui prêtait son ombrage aux caféïers de Moka. Ceux-ci ne tardèrent pas, en conséquence, à décliner dans plusieurs localités, si bien qu'on crut indispensable de lui chercher un remplaçant. En 1808, ou environ, on eut donc recours au caféïer plus vivace que quelques-uns ont appelé café de Coëtivy, non pas, comme on l'a cru, à cause d'une toute petite île de ce nom située à plus de 700 milles au Nord de Maurice et où il n'y a jamais eu que des cocotiers, mais à cause de l'introducteur premier, le sieur Coëtivy, enseigne de vaisseaux, qui, en 1771, commandait en nos mers la flûte l'*Ile de France*.

Le nom de café Le Roy a prévalu ; c'était celui d'un habitant de Sainte-Marie qui avait fourni les premières semences, grâce à quelques arbres existant sur sa propriété et dont il ne pouvait pas lui-même indiquer l'origine. On sait, d'ailleurs, que ce nouveau plant recherché surtout à cause de sa facilité à s'accommoder des altitudes prononcées, ne s'est jamais substitué partout au caféïer de Moka auquel il est si fort inférieur. Mais nous n'en sommes encore qu'à l'année 1717 et à celles qui suivirent immédiatement. L'introduction du caféïer qui livrait au commerce une denrée sérieuse, fit sortir la Colonie de son état d'impuissance ; tous les autres produits ne valaient pas alors la peine d'être comptés. L'aloës avait été abandonné ; le benjoin, produit par le *Terminalia mauritiana*, n'était pas abondant et la Compagnie ne le payait que 20 sous la livre. Il ne restait guère que les grains et les animaux ; ceux-ci à la vérité étaient nombreux. En 1718, la viande de bœuf ne se payait que 2 1/2 sous la livre ; le veau sur pied 12 livres l'un ; ce qu'on appelait un *bon cabri fort*, 3 livres et le coq d'Inde tout autant. L'élevage des animaux était, à cette époque, la chose qui avait réellement le plus d'importance. Bien est-il vrai que les peines à prendre n'étaient pas trop grandes ; il ne s'agissait que de lâcher dans les paturages quelques souches qui, livrées à elles-mêmes ou confiées à un ou deux noirs, devenaient bientôt des troupeaux complets : seulement, pour s'y reconnaître, chaque habitant avait sa marque. La mauvaise foi s'en mêla bientôt ; on marquait de son chiffre le bétail d'autrui et de la sorte on se l'appropriait. Pour arrêter ces manœuvres coupables un arrêt du Conseil (20 juin 1728) prescrivit de ne réunir les animaux (probablement pour être marqués) que deux fois l'année, en juillet et en décembre, et encore parties intéressées présentes ou dûment appelées.

L'année 1718 fut attristée par un ouragan des plus violents à la date tardive du 1ᵉʳ avril, avec une pluie diluvienne et un tel débordement des rivières que celle des *Galets*, d'après les propres termes du *Conseil provincial*, boucha le bras qui se déchargeait dans l'Etang de Saint-Paul et y transporta une si grande hauteur de galets que les plus grands pilotis ne pouvaient atteindre jusqu'au solide. On assure, et il y a lieu de le croire, qu'au-dessous de ce lit de pierres aujourd'hui si aride et si abandonné, se trouve un franc terreau qui, originairement, devait entretenir une riche végétation. Les anciens plans (1720) portent la mention « terrains gâtés par un bras de la rivière. »

C'est encore à cette année 1718 que se rapporte la création d'une milice bourgeoise qui, sous différents noms, s'est perpétuée jusqu'à notre temps, où elle est aussi utile qu'elle l'a toujours été. L'acte de création du 24 février oblige au service et au maniement des armes tous les hommes de 15 à 50 ans.

Au mois de novembre de la même année, Desforges Boucher, qui finit plus tard par devenir gouverneur, apporta dans la tenue des actes dont il était chargé une sérieuse amélioration ; ce fut celle de tenir autant de registres qu'il y avait de natures d'affaires. Précédemment, tout était mêlé et confondu : ordonnances administratives, jugements, requêtes et actes d'intérêt privé. La Compagnie prescrivit qu'on procédât avec plus de méthode et on lui en sut gré. Il en fut autrement pour ce qui suit : Alléguant son droit de suzeraineté, elle réclama les *lods et ventes*, non-seulement pour l'avenir, mais encore pour le passé. Les *lods et ventes* étaient un droit que le Seigneur prélevait lors des aliénations qui avaient lieu dans les terres de sa censive, et ce droit assez semblable à celui que l'on paie aujourd'hui à l'état sous le nom de droit de mutation, était élevé. La coutume de Paris le fixait à un douzième du prix soit 8 3/4 pour 0/0. Le Conseil provincial aurait pu, peut-être, alléguer que le titre en vertu duquel la Compagnie administrait la Colonie n'avait rien de féodal et que, par conséquent, les lods et ventes n'étaient pas exigibles ; mais il n'était malheureusement que simple agent chargé, à ce titre, de faire valoir les prétentions produites : il transigea et promit qu'on paierait pour l'avenir. Quant au passé, il demanda que la Compagnie voulût bien y renoncer. « On ne pouvait, disait-il, exiger les « droits dont il s'agissait sans bouleverser entièrement « la Colonie... Les habitants n'en avaient jamais entendu « parler. » Le mezzo-termine fut, paraît-il, accepté ; mais la Compagnie eut soin désormais et comme reconnaissance de son droit de propriété originaire donnant lieu, le cas échéant, à la perception des *lods et ventes*, d'imposer sur les concessions qu'elle accordait une redevance en nature, d'ailleurs assez minime; ainsi, il y a tel emplacement dans la ville de Saint-Pierre qui était astreint à payer deux canards annuellement ; ces canards, probablement, étaient mangés par les employés de la Compagnie et faisaient partie de leurs revenant-bons.

En 1719, au mois de mai, la Compagnie des Indes établie par l'édit du mois d'août 1664, confirmée par la déclaration du mois de février 1685, recevait une seconde existence. L'administration coloniale se ressentit de ce nouvel état de choses. On pensa à séparer l'intérêt purement commercial de la Compagnie qui serait remis en des mains particulières, des intérêts généraux et purement politiques de la Colonie. Ceux-ci restèrent confiés à M. Beauvoillier qui était encore gouverneur, et à côté de lui se plaça M. Desforges Boucher avec le titre de *Directeur général des comptoirs de la Compagnie et lieutenant-gouverneur*.

En même temps surgissait un cas nouveau qui devint plus tard un danger sérieux. Les esclaves fugitifs, les *marrons*, se multipliaient de jour en jour, et à la date de 1720 (28 février), le Conseil provincial jetait un cri d'alarme. Ce mot de marron dont le sens a depuis été généralisé, à toute plante et à tout animal, passé à l'état sauvage, dérivait de l'Espagnol *Sima* (caverne). Aux Antilles et même au Pérou, on appelait simarones *homme de cavernes*, les esclaves qui avaient déserté dans les montagnes : les Français adoptèrent l'expression et, pour abréger, ils dirent d'abord *marones* et puis *marrons* tout court : le mot était passé de l'Ouest à l'Est et vous voyez que le Conseil provincial ne fit aucune difficulté de s'en servir : aujourd'hui il est académique, au moins en tant qu'adjectif.

Si les marrons arrivaient en 1720, d'autre part les forbans s'en allaient en 1721. Les préoccupations tout européennes qui avaient absorbé les puissances pendant la guerre de la succession d'Espagne, ne leur avaient pas permis de veiller très-strictement à la police maritime, et, après cette guerre, les licenciements dans le service régulier avaient laissé sans occupation un grand nombre d'hommes de mer, habitués à une existence active et accidentée. Cette double cause avait eu pour résultat que les gens de course qu'on désignait indifféremment sous les noms de flibustiers, forbans ou pirates, s'étaient considérablement multipliés dans les deux Indes. Les choses furent telles, qu'en 1717, le ministère Anglais jugea utile de faire une proclamation pour engager tous les sujets du Roi Georges à concourir à la suppression des pirates en même temps qu'il expédiait plusieurs frégates pour leur donner la chasse aux îles Bahama, où ils commençaient à se fortifier. La France probablement de son côté ne resta point inactive ; mais tout en poursuivant les forbans, on leur offrit une amnistie suivant ordre du Roi, en date de 1717 ; aussi, ces hommes qui se sentaient vivement pressés dans nos parages, s'adressèrent-ils, en 1721, à M. Beauvoillier de Courchant, qui était toujours gouverneur, et réclamèrent-ils le bénéfice de l'ordre royal de 1717. Ils avaient à leur tête l'Anglais Gourdon, homme des plus entreprenants. L'amnistie lui fut accordée sans peine ainsi qu'à ses compagnons au nombre de 125. Plus tard, et notamment en 1724, on en étendit le bénéfice à d'autres encore, la plupart Anglais ou Hollandais. Quelques-uns de ces hommes, en très-petit nombre, s'établirent dans la Colonie, ce qui ne prouve guère que celle-ci leur doit sa population, comme le prétend Bernardin de Saint-Pierre toujours plus préoccupé à dire élégamment que véridiquement, et comme n'aurait pas dû le répéter Thomas, auteur sérieux et en général plus circonspect. La presque totalité des amnistiés demanda à retourner en Europe, ce à quoi le Conseil provincial se hâta de consentir, peu désireux qu'il était, à fort bon droit, de conserver de pareils hôtes (21 octobre 1721.)

Le dernier acte de l'épopée des forbans chez nous fut assez triste. Ollivier Levasseur, l'un d'eux, surnommé *la Buse*, s'était acquis un certain renom : Ce *généreux corsaire*, comme l'appelle fort généreusement le même Bernardin de Saint-Pierre, avait enlevé, en pleine rade de Saint-Denis, un vaisseau portugais portant le Vice-Roi, comte de Receira et qui, plus est, l'Archevêque de Goa, et les avait ensuite relâchés sans rançon, grâce à l'intervention de Desforges Boucher, alors gouverneur, ou au moins directeur de la Compagnie : bon office que la Cour de Lisbonne reconnut plus tard en envoyant à son fils l'ordre du Christ. Cependant les années se passèrent et la Buse se fiant à l'amnistie, vint à Bourbon sur le pied d'honnête homme, oubliant qu'au temps jadis sa male chance lui avait fait rencontrer le navire la *Duchesse de Noailles*, qu'il avait pillé et de surérogation, brûlé ! D'autres s'en souvinrent à sa place. Il ne s'agissait plus, cette fois, d'étrangers comme dans l'affaire du portugais, ou dans celle de la *Ville d'Ostende*, hollandais, qu'il avait aussi bien et dûment pillé, il s'agissait d'un bâtiment de la Compagnie toujours chatouilleuse à l'endroit de ses intérêts. La Buse fut donc arrêté : il invoqua l'amnistie : on en reconnut consciencieusement l'existence et il n'en fut pas moins jugé, condamné et pendu dans la même journée. On ajoute qu'il avait quelques biens, mauvaise recommandation pour un accusé dans un temps où la confiscation était en plein exercice.

L'année 1721 avait débuté au mois de février par un ouragan, mais les développements de la culture dans l'île n'étaient pas tels déjà qu'un météore, de ce genre, pût occasionner des pertes d'une importance absolue et d'une valeur sérieuse ; à parler figurément, la matière manquait au mal. Que valait, effectivement, la Colonie à cette heure? Le Conseil provincial appelé à se prononcer sur ce point, le 18 mai 1722, nous l'apprend suffisamment ; il n'évaluait le *fonds*, la propriété et possession de l'île Bourbon qu'à 6,184,295 livres : Il est bien vrai qu'il ne s'agissait que de la Compagnie et de son intérêt et que les fortunes particulières ne se trouvaient pas comprises dans l'évaluation : mais la propriété publique et la propriété privée gardant toujours entre elles un certain rapport, que pouvait être celle-ci, lorsque l'autre se chiffrait si bas ?

N'importe, on travaillait pour l'avenir, et les concessionnaires des diverses époques continuaient à faire régulariser leurs titres : c'est ainsi qu'en 1724 les Pradeau obtenaient des lettres de ratification pour trois actes qui les rendaient propriétaires de toutes les terres situées entre la rivière de Saint-Denis et le Butor au-dessus de la ville, ratification qui n'a pas empêché plus tard de nombreux procès et enfin l'intervention du domaine, lorsque la localité dite du *Brûlé* s'est peuplée et développée.

Si modeste qu'ait été vers cette époque la valeur de la Colonie, cependant et sans doute il y avait eu développement et amélioration. Le Conseil provincial qui avait pu nous suffire d'abord, même avec sa faible composition et avec l'appel à Pondichéry, se trouvait désormais au-dessous de ce qu'exigeait l'accroissement des affaires et de la population. Le Roi le supprima par édit du mois de novembre 1723 et créa à sa place un Conseil supérieur qui devait étendre sa juridiction sur l'île de France à laquelle on accordait en même temps un Conseil provincial, de sorte qu'elle obtenait le bénéfice des deux degrés, tandis qu'à Bourbon, le Conseil supérieur allait rendre la justice conformément à la coutume de Paris, mais tout à la fois en premier et en dernier ressort, ce qui était opposé aux bases du système judiciaire en France.

La création d'un siège inférieur se fit attendre assez longtemps chez nous, d'où l'on doit conclure qu'on n'en avait pas grand besoin et que les choses n'avaient pas été d'abord trop mal installées.

Le Conseil supérieur se composait des directeurs généraux de la Compagnie des Indes, lorsqu'ils se trouvaient sur les lieux, du gouverneur, de six conseillers, d'un procureur général et d'un greffier, composition qui, plus tard, comme nous le verrons, a subi quelques modifications. Les arrêts pouvaient être rendus par trois membres au civil et par cinq au criminel, avec faculté, en cas d'empêchement légitime, de se compléter au moyen de deux habitants français et *capables*, lesquels pouvaient être en majorité sur les titulaires.

Le Conseil supérieur fut installé à Saint-Paul le 18 novembre 1824, avec toute la pompe et tout l'appareil qu'on put imaginer et en présence des curés, des employés et autres gens notables des « trois quartiers établis, Saint-Denis, Saint-Paul et Sainte-Suzanne. » Le même jour, M. Desforges Boucher, qui prenait déjà le titre de gouverneur en 1722, et qui l'était de fait, fit enregistrer le serment que l'année précédente deux des Directeurs de la Compagnie avaient prêté pour lui à Paris ; et, immédiatement, il procéda à la nomination des greffiers, gens de plume à toutes fins : il en créa deux en chef, l'un à Saint-Paul et l'autre à Saint-Denis ; et deux en second, l'un à Sainte-Suzanne et l'autre à Saint-Etienne, quartier qui, ajoute-t-il, était à établir : le nom de Saint-Etienne n'est pas resté ; celui de Saint-Louis s'y est substitué. Cette sollicitude de M. Boucher pour un quartier en expectative s'explique assez naturellement ; il avait ses projets qui se réalisèrent le 24 mars de l'année suivante (1725) par la concession qu'il se fit faire de la magnifique propriété du Gol et dont, à la vérité, il ne profita guère puisqu'il mourut sept mois après à Saint-Paul.

Les greffiers qu'on venait de nommer cumulaient les attributions et appartenaient autant à la juridiction volontaire qu'à la juridiction contentieuse ; ce qui n'était en rien opposé à l'esprit de l'ancien droit puisque le notariat n'avait été, dans l'origine, qu'un démembrement du greffe. Ces greffiers coloniaux avaient donc à tenir deux registres, l'un pour les affaires civiles et criminelles et l'autre pour les *affaires particulières* et pour *le commerce de la Compagnie*. Le Conseil le leur recommanda spécialement, et le même jour, 18 septembre 1724, il procéda à l'enregistrement des lettres patentes de décembre 1723, concernant les nègres esclaves aux îles de France et de Bourbon. Ces lettres ne se trouvent pas dans le Code noir qui les remplace par l'édit du mois de mars 1685, sur la même matière, rédigé pour les Antilles. Le code Delaleu ne les reproduit pas non plus, ce qui se conçoit aisément puisque ce recueil ne commence qu'en 1767, à la rétrocession des îles au Roi. Elles sont d'ailleurs très-explicites et déterminent les devoirs réciproques des maîtres et des esclaves ; ceux-ci n'eussent pas été trop mal si ceux-là chargés de l'application de la loi ne s'étaient pas fait la part du lion. L'esclavage, comme institution et au point de vue de la prospérité publique, a des avantages incontestables ; il s'oppose à la déperdition des forces, il en augmente au contraire l'action par l'unité de la pensée et la convergence des moyens, mais il est sujet à tant d'abus particuliers impossibles à prévenir que c'est à bon droit, au point de vue chrétien, que les nations de l'Europe l'ont proscrit. Ce fut par une étrange aberration logique que Las Casas dans son dévouement aux Indiens, se fit le promoteur de la traite sur la côte d'Afrique.

Pour ce qui concernait les affranchissements, les lettres de 1723 étaient aussi très-claires et très-positives. Les affranchis jouissaient des mêmes droits, priviléges et immunités que les personnes nées libres ; il n'est nullement question dans l'acte Royal de la tenue d'un registre séparé quant à eux ; idée postérieure aussi malheureuse qu'impolitique. Quant aux esclaves, la constatation des naissances, mariages et décès avait lieu, avant 1789, sur les registres curiaux qui servaient alors pour l'état civil, sans distinction aucune, entre la population libre et la population noire. Celle-ci, du reste, n'était pas considérable, bien qu'il ne faille pas s'arrêter à un document de l'époque indiquant 800 noirs *travaillants*, termes vagues qui faisant abstraction du sexe et de l'âge ne peuvent fournir une idée même approximative du nombre réel des esclaves. La valeur de ces derniers n'était rien moins qu'élevée ; c'était 300 à 350 livres pour les hommes et 200 à 250 livres pour les femmes. Les esclaves de la côte d'Afrique étaient les plus recherchés et obtenaient 100 livres de plus (1). Il faut, de toute manière, supposer une bien faible population pour expliquer comment il restait encore tant de terres à mettre en valeur, même dans le voisinage des localités centrales, disons les chefs-lieux de quartiers. A Sainte-Marie, par exemple, ce n'est qu'au mois de mars 1725 que l'on concède le riche terrain compris entre « le Charpentier et la Ravine à Bardeaux ; et à Saint-André, au-dessous de la *ravine sèche*, dans une des plus belles positions de l'île, on trouvait encore, le 8 avril de la même année, à accorder, à un sieur Jean Robert, une propriété de 640 gaulettes de hauteur, près de trois kilomètres, laquelle, à son tour, comme la concession Pradeau et comme beaucoup d'autres encore, donna lieu à des procès qui, commencés en 1775, n'étaient pas terminés en 1862. Tous ces débats judiciaires prenant leur source dans la mauvaise rédaction des actes de concession, seraient au besoin une nouvelle preuve de la légèreté avec laquelle on agissait. Le Conseil supérieur a voulu, il est vrai, réglementer sur la matière et a cru pouvoir, d'un trait de plume, déterminer ce qu'il fallait entendre par les mots « sommet des montagnes » termes élastiques et faciles dont on se servait d'ordinaire pour les abornements et qui ont été, jusqu'à une époque assez récente, un sujet

---

(1) Arrêt du Conseil supérieur du 26 juin 1726.

fécond de controverse. Un arrêt de réglement du 18 août 1728 décida que « toute ravine dans les hauts qui coulera « ou ne sera pas cultivable dans son fond, sera réputée « sommet des montagnes aux terres qui, de la mer, mon- « teront vers elles. » Il faut bien reconnaître que l'explication excellente sur le papier, ne valut jamais grand chose dès qu'on arrivait sur le terrain. La ravine *dans les hauts qui coulera*, allait à droite ou à gauche, montait et descendait, selon les prétentions réciproques et les intérêts engagés. Il n'y a pas à notre connaissance, un seul cas où l'arrêt de 1728 ait pu être appliqué. Si, au lieu de s'embarrasser dans les détails topographiques, le Conseil avait dit purement et simplement : que le sommet des montagnes dans le langage des actes se trouvait à telle distance en ligne droite du rivage, il eût coupé court à toute discussion ultérieure et eût, dès l'origine, arrêté les empiètements dans les forêts du domaine qui en ont amené la destruction.

Un autre arrêt de réglement postérieur de plusieurs années (9 octobre 1737) voulut encore établir une jurisprudence pour le mesurage des propriétés foncières, source de contestations incessantes. Quoique plus susceptible d'application que le précédent, il ne semble pas, pour cela, avoir été des mieux conçus. Il ordonna que « dans le sens de la hauteur, c'est-à-dire, en allant de la mer aux sommet des montagnes, les opérations d'arpentage se feraient en suivant les détours des ravines et que dans cette hauteur devait être comprise la réserve domaniale, dite des pas géométriques, dont il ne reconnaît pas l'existence légale : en cela il se trompait. Tout semble, au contraire, démontrer que les pas géométriques, avec leur caractère actuel, ont existé dès l'origine. La législation postérieure n'a été, à leur égard, qu'une législation de réglementation et non de création. Le Conseil supérieur ne paraît pas avoir toujours bien compris les questions relatives aux concessions et aux délimitations territoriales, questions qui, le plus souvent, doivent être résolues non par les règles du droit commun, mais par celles du droit administratif. Aussi s'explique-t-on fort bien la création postérieure du Tribunal Terrier, aujourd'hui remplacé par le Conseil privé siégeant au contentieux.

Avant de quitter l'année 1725, rapportons aux faits qui s'y rattachent le remplacement du Gouverneur Boucher, mort au mois de décembre, par Dioré, capitaine de cavalerie, et ensuite l'envoi de la corvette la *Ressource*, pour prendre possession, au nom du Roi, de l'île de Diego Rodrigue qu'on baptisa du nom d'île Mariane qu'elle n'a pas conservé.

En 1727 il y eut dans l'organisation coloniale, un changement important qui indique les développements qu'avait déjà pris la colonisation de l'île de France. La Compagnie, par un règlement daté de Paris, divisa, par moitié, l'autorité locale et sépara le civil du militaire. Cette dernière partie fut conférée à un gouverneur unique pour les deux îles devant séjourner tour à tour six mois à Bourbon et six mois à l'île de France. On comprend sans peine les inconvénients et les impossibilités qui se rattachaient à cette résidence alternative malgré son caractère quelque peu mythologique ; aussi ne paraît-il pas que la prescription ait été longtemps ou strictement exécutée.

Quant à la partie civile, elle fut confiée au Directeur général de la Compagnie. Dès le 21 juillet, M. Dumas précédemment conseiller à Pondichéry, s'installa comme directeur général des deux îles et comme président du Conseil supérieur, les membres de celui-ci étant de la sorte portés de six à sept, ce qui mettait un terme aux inconvénients du pair dans les délibérations. M. Dumas, en sa qualité de Directeur, cota et parapha, à la date du 15 août 1728, le premier registre destiné à la paroisse Saint-Louis du quartier Saint-Etienne. La fondation de ce quartier, arrêtée en principe en 1724, avait été différée jusqu'alors ; le registre s'ouvrit seulement le 5 mai par un acte de naissance, et il est resté à Saint-Pierre quand eut lieu la division du territoire en deux quartiers, mesure à laquelle on préludait, en 1729, par l'érection d'une chapelle au bord de la rivière Saint-Etienne. Il n'y a pas à se préoccuper du nom dont on s'est d'abord servi ; il est de certitude que les premiers établissements eurent lieu à Saint-Pierre ; les barques au moyen desquelles on communiquait exclusivement à cette époque, d'un point de l'île à l'autre, y venaient *aborder*, d'où, selon les amateurs d'étymologie, le nom que la localité prit et conserva longtemps de *rivière d'Abord*. La rivière, c'était cette crique que bien des années après, un de nos gouverneurs promit, dans un discours officiel, de transformer en un port, au moyen *de la pierre que*, disait-il, il y *avait laissé tomber* (1) ; paroles très-poétiques, belle promesse sans contredit, mais qui rappelait involontairement le dicton créole sur l'organisation anatomique de la langue. Au fait on gâta par des exagérations originelles une œuvre qui aurait pu, et qui aurait dû réussir.

Déjà, comme nous l'avons vu, en 1722, on s'inquiétait de ce que les esclaves pouvaient entreprendre contre la sécurité publique. En 1729, l'existence d'un complot

---

(1) Voir *Moniteur de l'île de la Réunion du*   mars 1854.

formé par eux, dans le but de *massacrer tous les blancs* et de s'emparer du pays, ne put être douteux. Quatre complices l'avaient révélé et recevaient, en récompense, *leur liberté*. La répression fut prompte et sévère ; des exécutions eurent lieu à Saint-Denis les 25 et 27 février 1729. Elles furent sans doute trop nombreuses et peut-être, aussi, accompagnées de circonstances assez cruelles pour effrayer les esclaves à ce point qu'il y eut une désertion presque générale vers les forêts. Le gouvernement et le Conseil d'administration virent bien qu'on avait dépassé les bornes de la prudence. On recula : et en même temps qu'on prenait un arrêté dans un sens adouci pour régler ce qui concernait la nourriture et l'habillement des esclaves et pour fixer les obligations des maîtres à leur égard (27 septembre) on proclama une amnistie générale : celle-ci ne produisit pas grand effet ; ce fut bientôt une lutte en règle entre les habitants et les *marrons* qui, avec femmes et enfants, s'étaient retranchés dans les bois d'où ils ne sortaient que pour venir piller les habitations et égorger maîtres et esclaves sans distinction. En 1730, notamment, il y eut une attaque sérieuse du quartier de la Possession avec incendie et assassinat. On condamnait, on pendait le plus qu'on pouvait, mais rien n'y faisait et les choses allaient, chaque année, en empirant. En 1743, le Conseil d'administration, présidé par Labourdonnais, déclarait que les *détachements ordonnés pour la poursuite et l'extirpation des noirs fugitifs, n'avaient pas le succès qu'on en attendait, soit par mauvaise volonté, soit parce que les habitants étaient intimidés par quelques armes dont ils savaient que les marrons étaient nantis ;* le nombre de ceux-ci augmentait journellement. Les Compagnies de noirs que Labourdonnais avait organisées à Maurice, pour la police des bois, et qui avaient si bien réussi, n'étaient pas praticables à Bourbon ; on le déclarait ; aussi fallut-il s'en tenir aux détachements, lesquels, après tout, et malgré le brevet de courage négatif que leur avait donné le Conseil, ne restaient pas inactifs. Les dépôts d'anciens papiers sont remplis de leurs rapports, et ces rapports renferment des choses assez naïvement dites. On donne le compte des marrons tués en 1753 et années suivantes : 4, 5, 13 marrons tués, etc. Une autre fois, c'est une jeune fille qu'on a capturée ; on la qualifie de *créole des bois*, c'est-à-dire, née dans la montagne. Un chef de détachement déclare, qu'il a attaqué un camp de marrons, qu'il a renversé un de ceux-ci d'un coup de fusil et qu'après l'avoir interrogé sur ce *qui importait*, il lui a demandé s'il ne voulait pas être baptisé ; ce à quoi le marron ayant consenti, il le baptisa, « après quoi le marron mourut. »

Disons, en revanche, que les marrons, de leur côté, n'y allaient pas d'une main légère. La Ravine à Malheur, entre Saint-Denis et Saint-Paul, a pris son nom d'un de leurs actes de férocité. En 1748 on donne comme un fait simple et habituel l'invasion de la propriété de M. Sicre de Fontbrune, accompagnée de l'égorgement d'un militaire.

Les craintes générales, en les supposant même un peu outrées, n'en étaient donc pas moins bien fondées. Il était sage de prendre des précautions ; et pas de maisons alors qui n'eût des meurtrières, ménagées dans les bordages pour se défendre en cas d'attaque des marrons. Ce ne fut que graduellement, à la longue et avec bien de la peine que l'on parvînt à se débarrasser de ces dangereux compagnons, dont les actes amoindris, il est vrai, se prolongèrent jusqu'aux premières années de ce siècle.

L'administration coloniale, ni la Compagnie Royale des Indes, ne s'étaient jamais occupées de la circulation monétaire ; les transactions étaient restreintes et toutes les pièces étaient bonnes pourvu qu'elles portassent une empreinte. En l'année 1729 on crut devoir obtenir du Conseil d'Etat, à la date du 8 février, un arrêt qui réglait le cours des monnaies à Bourbon et qui fut bien et dûment promulgué le 21 octobre suivant, sans perdre, pour cela, son caractère passablement excentrique ; la pagode d'or qui vaut au moins 9 francs, ne fut tarifiée qu'à 5 livres 5 sous, et la piastre d'Espagne, au poids indiqué de 26 g. 77, représentant réellement 5 francs 38 centimes ne fut côtée qu'à 3 livres 12 sous (3 francs 60 centimes.) On avait confondu la piastre simple, monnaie idéale, avec la piastre gourde.

Toujours, en l'année 1729, la Colonie eut à supporter deux rudes épreuves : une invasion de sauterelles et une contagion de variole.

Les sauterelles chassées par les vents d'Ouest arrivaient de Madagascar et peut être même de la côte d'Afrique. Elles devinrent immédiatement et furent pendant plusieurs années, un fléau pour le pays. En 1731, les agents de la Compagnie écrivaient : « les sauterelles dévorent « tout, riz, blé, maïs, même les arbres, pêchers, oran- « gers, etc., sauf, toutefois, les caféïers ; les noirs des ha- « bitations ne sont occupés qu'à leur faire la guerre. » Cette dernière expression n'est peut-être pas la plus impropre. Si les invasions de sauterelles sont rares, dès qu'elles ont lieu, c'est *guerre ouverte* : il faut mettre tous les bras possibles en réquisition : il faut faire sur les points attaqués des battues générales et suivies, telles que nous en avons vu en 1832 ou 1833. Le mal était cependant trop sérieux pour qu'on ne songeât pas à opposer un ennemi actif et permanent à ces redoutables insectes ; et on y parvint au moyen de l'introduction du martin dans nos îles. Quelques paires de ces oiseaux furent transportées des Philippines à Bourbon. A Maurice, on en fit venir du Bengale en 1764. Ils rendirent de très-grands services, et pendant longtemps une amende de 50 francs les protégea contre les chasseurs, tout comme à la Floride 10 dollars (même somme) protègent les vautours chargés de purger le pays de toutes les charognes. Malheureusement, depuis cette première époque, la police rurale a fermé les yeux et la dépopulation a commencé. Ce fut un mal, on s'en aperçoit : le martin s'attaque non-seulement aux sauterelles, mais encore à tous les insectes nuisibles. En 1802, Bory de Saint-Vincent pouvait écrire, avec raison, que cet oiseau avait détruit l'entomologie des îles ; quelques-uns croient, avec une sorte de fondement, que la réduction du nombre des martins provient de l'introduction dans l'île, ou si vous l'aimez mieux, de *l'acclimatation* des couleuvres de Madagascar qui pénètrent dans le nid de l'oiseau, gâtent les œufs ou dévorent les petits.

La variole qui succéda aux sauterelles fut introduite par un navire de l'Inde avec des immigrants. Les médecins n'en soutinrent pas moins qu'elle était due à l'infection résultant des sauterelles pourries dans les champs, opinion qui prouve mieux l'abondance des sauterelles que le savoir étiologique des médecins. Trois quartiers, Saint-Denis, Sainte-Suzanne et surtout Saint-Paul, eurent beaucoup à souffrir. Dans cette dernière localité, un procès-verbal du 6 juin constatait déjà la mort de 300 personnes. Pas une maison ne fut épargnée. M. Davelu, longtemps curé de Saint-Paul et bien placé pour savoir la vérité, puisqu'il était détenteur des registres, n'estime pas que la mortalité dans cette seule commune ait été inférieure à 1,500 personnes. Les conséquences de la contagion se firent sentir sous une autre forme dès l'année suivante (1730.) La plupart des gardiens de troupeaux, ou étaient morts, ou, effrayés à bon droit, avaient déserté leur poste comme cela arrive presque toujours dans les cas semblables. Les troupeaux abandonnés à eux-mêmes s'étaient enfuis dans les bois, et la dixième partie seulement en avait pu être recouvrée, les marrons ayant fait leur profit du reste. Cependant le ravitaillement des navires de la Compagnie qui dans leurs voyages de l'Inde, *aller et retour*, faisaient escale à Bourbon, exigeait des animaux en assez grande quantité. On avisa donc, on réglementa en vue de ramener les choses sur l'ancien pied, et, à cette occasion, le 4 décembre 1730, intervint un arrêté qui pourrait encore intéresser quelques propriétaires : c'est celui qui attribue le caractère communal avec affectation aux bestiaux, « à « toutes les terres situées au-dessous des habitations cul- « tivées entre Saint-Gilles et la Grande-Ravine, sans que « la propriété, est-il dit, en appartienne plus à l'un qu'à « l'autre, et ce, nonobstant toutes autres clauses ou ces- « sions aux contrats qui sont déclarés nulles comme con- « traires au bien public. » Cette fois, du moins, les choses marchèrent à souhait ; il est vrai que les habitants et la Compagnie avaient un intérêt commun. On se ferait peut-être difficilement aujourd'hui une idée de l'abondance d'animaux de toute sorte qui, pendant longtemps, existaient dans l'île, surtout dans la partie Sous-le-Vent : pas plus tard qu'au commencement de ce siècle, tels habitants de Saint-Paul possédaient des troupeaux de huit à 900 chèvres : les chevaux eux-mêmes s'étaient tout d'abord tellement multipliés qu'ils étaient devenus fort incommodes pour l'agriculture ; ils envahissaient les champs cultivés et y causaient de grands dégâts, à tel point qu'il avait fallu les détruire. Un ordre de 1718, prescrivait que le nombre des chevaux nécessaires à chaque famille fût réglé et que tous les autres fussent tués. La race de ces chevaux, de taille moyenne, qui, à l'agrément de l'allure, joignaient une grande sûreté de pieds, est aujourd'hui à peu près disparue ; elle s'était faite de soi dans la Colonie, au moyen, nous a-t-on assuré, du croisement des grandes juments du Cap, provenance hollandaise, avec les étalons poneys de Batavia. Elle fournissait des chevaux de main irréprochables, et il en fallait sans doute, car ce n'est que fort tard, et sous la restauration seulement, qu'on a connu chez nous ce que quelques-uns appellent des routes carrossables. Pendant de longues années on dût se contenter du modeste chemin de cavalier et encore n'en a-t-on pas eu tout de suite. Ainsi, jusqu'en 1730, les communications entre Saint-Denis et la Possession, n'avaient lieu qu'au moyen de bateaux, disons mieux, de pirogues. On s'était préoccupé, il est vrai, d'une voie par terre ; on avait même prescrit à un certain major Champion (1718), de reconnaître et *de baliser les endroits praticables et ensuite, si le chemin était faisable, d'y faire travailler*. Le sieur Champion, tout major qu'il fût, avait échoué complétement ; on se ressouvint alors du mot commun : « mieux vaut le « faire que le savoir-faire. » Le 16 juin 1830, M. Dumas, directeur général, passa un marché avec le sieur Bernon, simple habitant, et avec le nommé Muron, ouvrier de la Compagnie, pour l'ouverture d'un chemin pour *hommes* et bêtes de somme entre Saint-Denis et la *maison* de la Possession, à travers les montagnes et les forêts. La Compagnie se chargeait de fournir les terrassiers et deux piqueurs blancs, en outre la poudre à mine; de plus on promit 3,000 livres à Bernon et 1,200 à Muron au cas seulement où ils pourraient trouver les passages convenables pour le tracé. Ce chemin dont les travaux marchèrent assez rapidement est celui qu'on nomme aujourd'ui, *l'ancien chemin* et qui, allant toujours au plus droit, abordant de front les pentes et les escarpements, est impraticable aux voitures ; ce n'en fut pas moins, à cette époque, une œuvre de très-grande utilité ; on en a fait honneur à Labourdonnais qui l'a peut-être amélioré, mais qui pour l'idée et l'exécution premières, n'a rien à y prétendre ; c'est la récompense du bon administrateur, que le mérite de ses œuvres lui revienne et le désigne à la reconnaissance des générations suivantes. L'acte de s'attribuer la louange due au labeur d'autrui a son nom dans la sévérité du langage. Aussi et précisément à propos des voies de communicatian, ne serait-il guère à imiter le fonctionnaire qui, arrivant tout juste au moment où s'achèverait une route de ceinture commencée depuis 26 ans et poursuivie au milieu de difficultés de tout genre, par ses prédécesseurs, s'empresserait d'en faire l'inauguration avec le nom seul de celui qui n'aurait pris aucune part à l'œuvre, inscrit sur la pierre commémorative, fut-ce même au milieu des scories du volcan.

Un nouvel ouragan vint désoler la Colonie en février 1731 ; et à ce propos, remarquons que le mois de février non seulement est celui où les ouragans sont le plus fréquents, mais encore celui où, à considérer les phases de la végétation par notre latitude, ils sont le plus dommageables. Sur 58 ouragans, dont on a la date certaine, entre 1733 et 1876, on en compte 12 en Janvier, 18 en mars, 20 en février et seulement quatre dans chacun des mois d'avril et de décembre.

Les intempéries atmosphériques n'empêchaient pas cependant M. Criais, préfet apostolique, qui a laissé ici une double et honorable réputation comme prêtre et comme homme de capacité, de travailler au développement de ses paroisses. Le 8 mai de cette même année 1731, il se fit concéder un vaste terrain pour l'Eglise et le Presbytère actuels de Saint-Paul. Cette concession visée à nouveau, le 19 mars 1740, par le Conseil de la Compagnie, fut finalement confirmée par jugement du tribunal Terrier du 14 août 1786, avec, toutefois, une nouvelle délimitation qui en faisait rentrer une partie au Domaine. La fabrique n'en restait pas moins propriétaire de l'emplacement proprement dit de l'Eglise, de la place qui se trouve en avant du côté de la mer, et de tout l'enclos du presbytère. M. Criais étendait sa sollicitude à tout ; il n'hésita pas à porter une plainte régulière et formelle au Conseil supérieur contre les maîtres qui faisaient travailler leurs esclaves le dimanche, et sut obtenir un arrêt prescrivant aux agents de police de tenir la main à la stricte exécution de l'édit de 1723. Si l'Eglise, au besoin, recourait aux tribunaux, ceux-ci, par voie de réciprocité, ne se faisaient pas faute, quelquefois, de demander aide et secours à l'Eglise. Nous en avons une preuve assez curieuse dans une affaire où la presse joua son rôle et put s'apercevoir que l'heure des coudées franches n'avait pas encore sonné pour elle. Les habitants n'ayant pas, disaient-ils, à se louer de Dumas, directeur-général de la Compagnie, avaient jugé à propos d'envoyer des délégués porter leurs plaintes au Ministère : Dumas en eut vent ; il gagna le chef de la députation et celle-ci ne fit rien·

Mais un sieur Dumesgnil, précédemment habitant de Bourbon, et alors fixé à Paris, résuma les griefs de ses compatriotes dans une brochure dont plusieurs exemplaires parvinrent dans la Colonie et piquèrent Dumas au plus vif. Là dessus, intervention du Conseil supérieur présidé par Dumas lui-même et arrêt qui enjoint aux détenteurs de la malencontreuse brochure d'en rapporter au greffe tous les exemplaires et, pour corroborer, « ordonne que « l'officialité accorderait des lettres monitoires pour obli- « ger chacun, au moyen des censures de l'Eglise, à déclarer « par qui l'écrit dangereux lui avait été remis. » Dumas, comme on le voit, remuait en quelque sorte le ciel et la terre en sa faveur, mais ce fut en vain ; ne pouvant être juge et partie, il fut obligé de se déporter et le Conseil débarrassé de lui se débarrassa bien vite de l'affaire en la renvoyant au conseil du Roi qui ne s'en occupa guère.

En dépit de ce petit échec, Dumas déjà directeur-général, n'en devenait pas moins gouverneur ; il fit enregistrer le 20 août 1731, les lettres du 17 novembre précédent qui le nommaient, en cette qualité, en remplacement de Desforges Boucher ; celui-ci était décédé en 1725, tout l'intérim aurait donc été fait par Dioré.

Dumas paraît avoir été un homme actif et, peut-être, le meilleur agent que la Compagnie ait jamais eu à Bourbon. On avait fait grand bruit en France d'une épice nouvelle qu'on appelait *canelle giroflée*, et qui n'est autre que notre ravensara. Les directeurs, à Paris, s'en forgèrent une félicité ; ils en écrivirent à Dumas et celui-ci s'en occupa immédiatement ; pas un navire ne s'expédiait pour Madagascar qu'il ne lui fût recommandé de rapporter du ravensara. En 1731, quelques petits plants arrivèrent enfin à Bourbon et eurent assez de peine à s'acclimater, car cet arbre est délicat et d'une venue pénible quoique la germination des semences soit facile. Le mécompte d'ailleurs fut complet : les lucratives espérances qu'on avait conçues sur la *canelle giroflée* s'en allèrent en fumée et son rôle commercial se réduisit à rien : c'est en cuisine un condiment de second ordre, et la parfumerie qui a su en extraire une huile essentielle facilement cristallisable s'en sert fort peu.

Il aurait pu en être différemment d'une autre matière venue aussi de Madagascar et dont le même Dumas adressa des échantillons à Paris l'année suivante (1733) : C'était la soie ; non pas, il est vrai, celle que fournit le Bombix du mûrier, mais une soie provenant d'une chenille particuculière qui vit en plein champ et sans exiger de soins spéciaux, sur des arbres et des arbrisseaux divers, et notamment sur le cytise cajan qu'on nomme à Bourbon *embrevates* (1) et qui, originaire d'Afrique, a été importé aux Antilles où il est depuis longtemps naturalisé. Certes la soie dont il s'agit est grossière ; mais la facilité de sa production est si grande qu'elle peut affronter les bas prix ; et sans doute, au point de perfection, où le travail manufacturier est parvenu, elle trouverait toujours son placement pour les étoffes de qualités communes. L'importance de ce produit n'a point échappé à M. Auguste Vinson qui, à la suite d'un voyage fait à Madagascar en 1862, a publié sur le Bombix de l'embrevate, un mémoire où la partie scientifique est traitée à fond.

Comme on le voit, par ce qui précède, la Compagnie des Indes n'était pas sans prendre quelque souci de la vitalité à donner à la Colonie qui, certes, en avait besoin. La situa

---

(1) Pois d'angole, pois de pigeons, pois de 7 ans, ambrevade.

tion, après plus de soixante ans de fondation, n'était pas brillante, à beaucoup près, et se trouve suffisamment établie dans un rapport que le conseil d'administration, présidé par Dumas, adressait, le 20 décembre 1731, aux Directeurs de la Compagnie à Paris. « Les habitants se trouvaient
« dans une triste position, ils étaient tous gueux » (c'est le rapport qui parle.) « Les plus riches en argent comp-
« tant ne possédaient pas plus de quatre à cinq mille écus ;
« six à peine se trouvaient dans ce cas ; il n'y en avait pas
« 20 qui eussent mille écus. »

De 1727 à 1731, l'île avait produit 1,286,000 livres de café lesquelles payées sur le pied de 8 à 10 sous la livre, avaient représenté 557,000 livres. D'autre part, pendant le même laps de temps, les dépenses des habitants, soit pour acquisition d'esclaves, soit pour achat de marchandises, s'étaient élevées à un million deux cent cinquante mille livres ; évidemment on était en déficit, c'est à dire les habitants. Quant à la Compagnie, les choses étaient différentes ; le rapport que nous analysons oublie de rappeler que la Compagnie avait le privilége du marché ; qu'on ne pouvait acheter que d'elle, et qu'elle vendait avec un bénéfice variant de 40 à 100 pour cent ; que, d'autre part, on ne pouvait vendre qu'à elle et que, maîtresse de fixer ses prix, elle se procurait sur l'exportation un bénéfice encore supérieur à celui qu'elle obtenait sur l'importation.

Remarquons encore qu'une forte partie de la dette des habitants avait pour cause l'achat des esclaves ; or, la Compagnie seule faisait la traite des nègres ; et elle la faisait non seulement à Madagascar et à la côte Est de l'Afrique, mais encore sur la côte Ouest. Le 20 décembre 1731, le navire le *Duc de Noailles* débarquait à Saint-Paul 118 noirs qu'il avait pris au Sénégal et qui, à la vente, pro-

duisirent une somme de 71,870 livres tournois. D'après un recensement oficiel daté de 1732, il y avait alors 5,500 esclaves dans la Colonie ; cela ne suffisait pas. Les agents coloniaux demandaient avec instance qu'on leur envoyât des forçats ; on en avait déjà fait arriver quelques uns dont on avait été très-satisfait. « C'était, écrivait-on, à qui
« en aurait à son service ; il serait donc fort heureux que
« la Compagnie pût obtenir des commutations de peine,
« à charge de travail pendant un certain nombre d'années
« dans la Colonie, soit dans les ateliers de l'administra-
« tion, soit sur les propriétés privées. »

En se reportant à l'époque où ces idées étaient émises, elles ne paraissent pas trop déraisonnables ; la législation pénale qui, d'après quelques publicistes, incline aujourd'hui vers une bénignité dont l'immoralité et le vice seuls profitent, était alors très-sévère. On pendait, on rouait, on envoyait aux galères perpétuelles pour un grand nombre de faits qui n'attireraient, au temps présent, que des peines fort modérées. Les bagnes d'alors ne renfermaient donc pas exclusivement de ces scélérats invétérés qui peuplent les nôtres; avec un peu d'attention, on pouvait y recruter sans danger ; les agents de la Compagnie le savaient bien, puisqu'ils ne disposaient d'aucune force de répression ; ils ne marchandent pas leurs paroles sur ce point : « tout se
« composait dans les quartiers de sept à huit soldats
« écloppés. » Les Directeurs, de leur côté, poursuivaient une autre idée ; ce qu'ils voulaient, ce qu'ils demandaient, c'était qu'on leur envoyât un papier terrier représentant la superficie et les abornements de chaque habitation : ils perdaient leurs peines ; la chose était impossible, et on sut bien le leur dire. La Colonie s'est toujours montrée fort opposée à la confection d'un cadastre et à l'impôt

foncier. Tant que l'esclavage a subsisté, il y aurait eu en effet double emploi, puisqu'on imposait les esclaves, moyens exclusifs de culture sans lesquels la terre n'eût absolument rien valu. Présentement, il n'est pas défendu de croire que les choses pourraient être différentes.

Le cadastre ou papier terrier n'était pas la seule cause du désaccord qui existait entre la Compagnie et les habitants. La redevance due par ceux-ci pour les terres qui leur avaient été concédées, et pour les esclaves, avait soulevé des difficultés. Ces redevances se payaient en nature et principalement en volailles de toute espèce. Les 5,500 esclaves existants représentaient 2,750 poules, dont 6 à la piastre et 2,750 chapons dont quatre à la piastre. C'était fort bien pour la Compagnie et probablement aussi pour ses agents : ce n'était pas si bien pour les habitants. Ils regimbèrent d'abord ; ils s'entendirent ensuite et envoyèrent à Saint-Paul des députés avec leurs pleins pouvoirs. Ce fut une véritable assemblée coloniale. La Compagnie s'y fit représenter comme partie contradictoire. Le 10 juillet 1732, on se réunit, on discuta longtemps et longuement, ennuyeusement aussi, selon une habitude bien conservée. Enfin, on finit par s'arranger, et pour parler comme la correspondance officielle, au moyen du *relâchement de la poule* par tête de noir, les députés consentirent pour eux et pour leurs commettants à l'imposition de quatre onces de café par arpent de terre. Soit que la Compagnie voulût agir contre les habitants, ses débiteurs, soit que les habitants eussent eux-mêmes l'envie de se faire la guerre entre eux, toujours est-il que la première nomination d'huissier eut lieu deux mois après la transaction dont il vient d'être parlé (16 octobre 1732). Un sieur Toussaint Grosset a eu l'honneur d'inaugurer la profession dans la colonie.

En décembre de la même année, le sieur d'Hermitte, commandant la frégate la *Diane*, partit avec trois autres bâtiments pour l'île Marotte ou Marosse située, dans la baie d'Antongil, que le 25 août précédent et par un acte régulier déposé plus tard dans une étude de notaire à St-Paul, il avait achetée d'un nommé Andrian Baba, qualifié roi des Sakalaves. L'expédition, qu'elle ait eu un but de colonisation, ou ce qui est plus probable, qu'elle ait visé seulement au commerce, échoua complétement. Le roi Andrian Baba, savait bien ce qu'il faisait quand il vendait son île, et qu'il en touchait le prix ; l'acte qu'il avait signé avec d'Hermitte n'était qu'un *billet à Lachâtre*. L'île se trouva être des plus insalubres ; Labourdonnais, qui y re-relâcha en 1746, y perdit, en fort peu de temps, 64 hommes de ses équipages. On n'avait pas attendu cette démonstration. Dès l'abord, tout alla tant et si bien, ou plutôt si mal, que Baba put bientôt reprendre possession de ses domaines et remonter sur le trône de ses pères sans rencontrer contradicteur quelconque.

Dans le cas qui précède, l'administration locale avait agi imprudemment, mais, spontanément, dans une autre circonstance rapprochée en date, et d'un caractère plus sérieux ; elle ne fit évidemment que se conformer aux instructions qu'elle avait reçues de France comme règle de conduite générale ; nous citons les faits parce qu'ils indiquent de quelle manière la Compagnie des Indes comprenait et dans quel esprit elle exerçait son privilége.

En Décembre 1732, un navire portugais commandé par le majordome du marquis d'Erixéra, vice-roi de Goa, arriva à Saint-Paul avec des esclaves et du riz ; sans forme de procès, on confisqua cargaison et navire. Le majordome avait, disait-on, séjourné plusieurs années auparavant dans la Colonie et ne pouvait être qu'un homme dangereux. Du reste, une fois dépouillé, on lui fit bonne et grasse hospitalité, à lui et à ses gens. Peu de temps après, un autre navire portugais qui n'avait pas à bord de majordome dangereux, mouilla encore à Saint-Paul et fut traité tout de même, c'est-à-dire, confisqué. Au mot propre ce n'était plus la conservation d'un privilége commercial, c'était du brigandage.

On faisait beaucoup plus sagement lorsqu'à la même époque, on accordait une attention sérieuse à la culture du cotonnier dont les premières semences avaient été apportées de l'Inde. On a d'abord distingué un grand et un petit cotonnier. Nos vieux registres entendaient indiquer par ces mots grand cotonnier l'ouatier ou *fromager pentandre*, dont une espèce très-voisine, si ce n'est pas la même, est fort répandue sur la côte Coromandel sous le nom de *fromager cotonnier*, le *Bombax Gossypium* de Linné.

Le petit, le vrai cotonnier, venu dès les premiers temps de la fondation de la Colonie, soit de l'Inde comme nous venons de le dire, soit directement de Siam, d'où les botanistes le font originaire, n'avait pas au début été traité comme aurait dû l'être une plante aussi précieuse, ou plutôt, accueilli d'abord convenablement, il fut bientôt négligé et délaissé pour une cause ou pour une autre dont la plus vraisemblable était le prix illusoire qu'offrait la Compagnie ; seulement, en 1718, l'ordre vint de Paris de s'en occuper de rechef. Les directeurs faisaient remarquer à ce sujet que l'échantillon qu'on leur avait envoyé en 1705 était plus beau, plus blanc, et incomparablement plus net que celui d'Amérique et du Levant. Immédiatement le Conseil provincial nomma à Saint-Paul des experts, nous dirions aujourd'hui une commission, pour chercher les moyens de cultiver le cotonnier dans les communes, sans nuire aux bestiaux. Les cabris seuls furent exceptés de l'amnistie et devaient être détruits au cas ou cela eût été nécessaire ; en même temps, et dans l'espérance d'un revenu futur, on fixait le prix du coton brut à six sous la livre, et à dix sous celui du coton *filé*, expression par laquelle il faut nécessairement entendre le coton égrené et purgé. La fixation, au surplus, était fautive ; la proportion du coton marchand au coton brut étant de 31 1/4 0/0, si le premier valait 6 sous, l'autre aurait dû en valoir 18 3/4. Au demeurant, toutes ces mesures n'eurent aucune suite, et aucun résultat ; et ce fut seulement en 1733, année d'abondance et de belles récoltes, que l'on revint au coton ; d'abord on changea la proportion du rendement, tout en réduisant le prix, et on s'obligea à recevoir dans les magasins de la Compagnie le coton brut sur le pied d'un sou la livre, et le coton égrené, sur le pied de 4 sous. En outre les agents de la Compagnie à Bourbon envoyèrent à leurs collègues de Pondichéry, avec lesquels ils entretenaient une correspondance suivie, une balle de coton comme simple échantillon, avec prière de faire savoir au retour si la denrée était de bonne qualité, et à quel prix il serait convenable de traiter avec les habitants. Ils croyaient le marché de l'Inde meilleur que celui d'Europe, et ce fut longtemps l'opinion dominante. Labourdonnais dit dans ses mémoires que le coton des îles allait à Surate et en Perse, et l'indigo en France. Peu importe, nous sommes ici au vrai point de départ d'une culture qui prit de grands développements aussitôt après la rétrocession des îles au Roi, et qui a donné naissance à de grandes fortunes coloniales. Elle n'a commencé à décroître que vers 1817, ou environ, à l'apparition d'une chenille qui, attaquant la gousse à l'état vert, détruisait les récoltes. Le mal était passager, on le crut définitif ; on abandonna le coton et on se rejeta sur le sucre. Cependant la plante, telle qu'elle était et prospérait autrefois, existe encore chez nous, y fructifie fort bien et donne un fort bon duvet. Nous en avons nous-mêmes envoyé des échantillons au Hâvre qui ont été jugés de qualité supérieure. Lorsqu'en 1862, la maladie qui faisait périr les cannes à sucre dirigea de nouveau l'attention vers la culture du coton, on eut la fâcheuse pensée de demander des semences à l'Amérique et à l'Egypte et de s'éprendre du cotonnier annuel : chacun sait à quel pauvre résultat on est arrivé en dépit de la prose d'un de nos aigles coloniaux. Le cotonnier de l'Inde naturalisé à Bourbon depuis si longtemps, a un double avantage : indépendamment de la supériorité du duvet, il s'accomode des terrains les plus arides et dure cinq ans entiers avec un produit croissant, parce qu'il se taille à la fin de l'hiver et qu'à chaque taille les tiges et les rejetons vont se multipliant.

Tous les documents où il est question, vers ce temps, de la culture du cotonnier, se rapportent exclusivement à la Commune de St.-Paul, qui s'étendait alors bien au-delà de St.-Leu. Il était en général peu question de la partie du Vent de l'île. En 1734, les livres de la Compagnie mentionnent St.-Benoit comme faisant partie du quartier Ste.-Suzanne.

Cependant c'est à cette dernière année qu'il faut fixer la fondation de la paroisse St.-Benoit, ce qui se conclut de l'ouverture des registres curiaux et du premier acte de naissance qui s'y trouve à la date du 20 mai 1734.

Quant à Ste.-Marie, on peut avec beaucoup de vraisemblance faire remonter son érection en paroisse à l'année

1733. Les terrains pour l'Eglise, le cimetière et le presbytère furent l'objet d'une donation régulière de la part des héritiers Tessier. L'acte au rapport de Renaud, greffier du Conseil Supérieur et notaire à St.-Denis, est du 21 septembre 1733 et renferme cette indication que Ste.-Marie comptait, à cette époque, *vingt-cinq grosses familles*. C'était beaucoup et on ne les retrouverait peut-être pas aujourd'hui, sinon en nombre du moins en qualité, par suite de l'action des Compagnies absorbantes. La donation d'ailleurs était étendue, mais une partie notable en fut confisqué et vendue pendant la première république.

L'année 1733 avait été, comme nous l'avons dit, une année d'abondance et de belles récoltes; ce fut tout l'opposé en 1734. Dès le 15 janvier, l'ouragan arriva: il souffla de l'Est pendant plusieurs jours, avec une grande violence, et après une acalmie trompeuse, recommença de l'Ouest. Le mal fut proportionné à la durée du vent ; on sait d'ailleurs que les ouragans avec renversement de direction sont toujours désastreux.

§ 2.—DE L'ARRIVÉE DE LABOURDONNAIS AUX ILES A LA RÉTROCESSION DE CELLES-CI PAR LA COMPAGNIE AU ROI.—1735 à 1766.

En juin 1735, Mahé de Labourdonnais, nommé depuis le 10 novembre précédent, gouverneur-général des îles de France et de Bourbon, y arriva et entra immédiatement en fonctions. Il n'en était pas à son premier voyage soit aux Iles, soit dans l'Inde. Déjà il avait contribué à la prise de Mahé, sur la côte Malabar, il avait ensuite accepté à Goa, du service dans les troupes du Roi de Portugal. Nous n'avons à nous occuper de lui que comme Administrateur colonial : aussi nous suffira-t-il, pour aider à l'iutelligence de certains faits corrélatifs, de aappeler brièvement les principales dates de sa carrière militaire. Sa véritable époque coloniale, selon nous, va de 1735 à 1740 ; c'est entre ces deux dates qu'il importe de le connaître ; ses préoccupations furent alors exclusivement administratives ; il songeait au commerce et peu à la guerre ; il gouverna Bourbon et créa l'île de France. Plus tard, sans négliger précisément les affaires civiles, il céda à des vues plus ambitieuses, et fut, avant tout, marin et militaire.

Madame Labourdonnais qu'il a soin toujours d'appeler *mon épouse*, étant morte en 1740, il repassa presque aussitôt en Europe et ne revint que l'année suivante à l'île de France où il arriva le 14 avril avec cinq navires portant canons qui avaient été mis sous ses ordres immédiats. Il s'empressa de compléter l'armement de sa flotte, mit à la voile le 14 août ; et touchant à Bourbon seulement pour y prendre des vivres, il en repartit au bout de deux jours, se dirigeant sur la côte Coromandel où il était appelé au secours de Pondichéry menacé par les Marhattes. Il arriva le 30 septembre devant cette ville qu'il trouva débloquée et hors de danger. Il n'avait plus, dès lors, qu'à revenir à l'île de France et il y arrivait en effet au commencement de 1742. La guerre continentale pour la succession d'Autriche était commencée ; et tout faisant prévoir qu'elle deviendrait, tôt ou tard, guerre maritime. Les administrateurs de la Compagnie n'en étaient pas moins fort tranquilles. Ils avaient, dans leurs combinaisons, posé en certitude la très singulière hypothèse que la Compagnie des Indes anglaise vivrait en bonne intelligence avec celle de France et que chacune, côte à côte et fraternellement, ferait son commerce en tout repos. Labourdonnais ne partageait pas cette confiance. La suite prouva qu'il avait bien vu. La Compagnie anglaise se tenait ostensiblement sur le pied de paix, mais agissait en réalité en véritable ennemie. Enfin, le 1er septembre 1744, Labourdonnais apprit la déclaration de guerre par la France à l'Angleterre; et l'année suivante (1ᵉʳ août), il reçut l'ordre de prendre le commandement de tous les navires de la Compagnie. Ses vues pour la prospérité coloniale déjà bien distraites, s'effacèrent alors complètement ou à peu près. Les besoins, les préoccupations de la guerre absorbèrent tout. Le 24 mars 1746, il quitta le Port-Louis avec sa flotte. Forcé par la tempête et les avaries que ses navires avaient éprouvées, d'aller se réparer à Madagascar, circonstance où il donna avec la mesure de sa capacité, d'étonnantes preuves d'énergie, il ne put repartir que le 9 juin pour atteindre Pondichéry en juillet suivant. Trois jours auparavant, il avait rencontré une escadre anglaise sous les ordres du capitaine Peyton et avait eu avec elle un engagement très sérieux, sans résultat apparent, a-t-on dit, mais avec ce résultat positif d'éloigner pour un temps les vaisseaux ennemis et de lui permettre d'aller assiéger Madras dont il se rendit maître par capitulation, le 22 septembre. Nous ne perdîmes pas un seul homme, et Labourdonnais a déclaré lui-même, page 116 de ses mémoires, que les assiégés étaient aux assiégeants dans la proportion de un contre dix : il est vrai que quand on veut se battre on est toujours à craindre derrière un retranchement. Reconnaissons encore que le général français sut très bien tirer parti des circonstances et ne négligea aucune des formes de l'intimidation. Non content d'insister auprès de Morse, gouverneur de Madras, sur l'énorme disproportion des forces, il eut soin de faire circuler dans la ville, qu'il avait parmi ses troupes un corps de 400 cafres et qu'il n'était pas sûr de les maîtriser si la place était emportée d'assaut. Les dames anglaises qui étaient en assez grand nombre à Madras, se gendarmèrent à cette idée et pesèrent de tout le poids de leur vertu pour une prompte capitulation.

Nous n'avons pas à nous occuper des débats qui surgirent à cette occasion entre Dupleix et Labourdonnais. Celui-là eut, peut-être, tort de se refuser à ratifier l'acte de capitulation de Madras signé par le commandant de la flotte qui avait seul conçu et conduit l'entreprise. Mais si Labourdonnais visait à toucher la rançon convenue, s'élevant à 1,100,000 pagodes d'or, ou environ neuf millions de francs, il savait bien qu'il allait ensuite s'éloigner, laissant à Dupleix tous les embarras d'un mauvais voisinage. La question de bonne foi et de parole donnée reste seule hors de toute discussion. On doit y regarder de près avant de condamner un homme de la valeur de Dupleix. La prise de Madras, en 1746, s'éclipse tout-à-fait devant la défense de Pondichéry en 1748. Dupleix n'avait que 200 soldats européens, des cipayes et des cafres. Boscawen qui l'attaquait, disposait de 6,000 européens, de 10,000 cipayes et de cinq vaisseaux de guerre, et néanmoins il fut obligé de lever le siège après 38 jours de tranchée ouverte. (1)

Labourdonnais, en plein désaccord avec Dupleix, ne pro-

---

(1) Le journal du siége de Pondichéry a été écrit en Tamoul par un indien nommé Rangapoullé qui se trouvait dans la ville pendant le bombardement de celle-ci. L'original de ce travail est perdu : il n'en reste que deux copies, dont l'une appartient à M. Le Gallois Montbrun, bibliothécaire de la ville de Nice, et l'autre à M. Laude, ancien procureur-général à Pondichéry, qui en a donné, en français, un abregé imprimé à Pondichéry en 1870.

longea pas son séjour dans l'Inde. Le 10 décembre 1746, il était de retour à l'île de France où déjà il se trouvait remplacé comme gouverneur-général, au moins provisoirement, par David qui avait en outre mission d'examiner sa conduite. Evidemment il ne s'agissait que de ses actes aux îles, objet de vives incriminations. Il dut alors solliciter des habitants de Bourbon une déclaration qu'il ne les avait pas pressurés et il l'obtint, ainsi qu'on obtient toujours des signatures quêtées. Ce qu'on refuserait comme membre d'un corps délibérant, on ne le refuse pas comme individu, c'est là une de ces faiblesses humaines que le cœur seul justifie.

Labourdonnais sortit donc de l'examen de David exempt de tout blâme et reçut le commandement de la flotte destinée pour l'Europe. Il perdit par la tempête deux de ses vaisseaux avant d'arriver au Cap, et afin de soustraire les autres aux croisières ennemies qu'il était désormais impuissant à combattre, il les conduisit à la Martinique d'où il opéra seul son retour en France. Bientôt il eut à répondre à une accusation en règle. On lui reprochait de n'avoir pas exigé une somme assez forte pour la rançon de Madras. Qu'importait puisque le principe de la rançon n'avait pas été admis par Dupleix? On affirmait par supposition qu'il n'avait pas fait de si bonnes conditions à l'ennemi sans en stipuler quelques unes de meilleures pour son propre compte. La Compagnie peuplée d'agents infidèles, était prête à voir partout le vol et la trahison.

Labourdonnais fut arrêté, mis à la Bastille et finalement acquitté. Quant aux circonstances pittoresques dont on voulu relever sa détention, il y a beaucoup à en retrancher. L'esprit d'opposition s'était emparé de l'affaire. Il suffisait alors d'avoir passé une nuit à la Bastille pour devenir intéressant, et il y avait passé deux ans. On ne saurait donc prendre bien au sérieux les particularités romanesques qui se rattachent à une carte de Madagascar faite en prison et à l'insu des gardiens ; le mouchoir gommé, le cure-dents, le sou marqué, le marc de café, etc., exigent évidemment de grandes atténuations. Cette carte qui se voit à la bibliothèque de la rue de Richelieu est sans contredit l'œuvre de Labourdonnais ; mais sa défense judiciaire n'exigeait pas un tel travail. Tout balancé, il ne faut y voir, avec des efforts de mémoire surprenants, qu'une tentative pour combattre l'ennui des longues heures et d'un désœuvrement qui devait peser doublement à un homme habitué, dès sa jeunesse, à une existence active et accidentée. Quoi qu'il en soit, Labourdonnais en recouvrant sa liberté, avait perdu la fortune qu'il s'était faite pendant son administration ; on assure qu'elle était considérable, ce qui est facilement admissible ; mais de toute façon, la réponse qu'il fit aux administrateurs qui la lui reprochaient n'était pas précisément adroite. « J'ai su faire mes affaires, dit-il, et vous n'avez pas su faire les vôtres. » Rien de mieux, en vérité ; mais on pouvait lui répondre : « Vous aviez été envoyé aux îles pour faire nos « affaires, et si elles ont mal tourné, la faute en est à vous. » De vrai, il faut bien reconnaître qu'il ne négligeait pas ses intérêts personnels : à l'île de France et à Bourbon, il opérait pour son propre compte. En 1747, après qu'il eut quitté la Colonie, nous trouvons encore sur les registres du Conseil supérieur de Bourbon, douze arrêts rendus en un seul jour (4 novembre) à son profit, contre autant de débiteurs. Aujourd'hui, il nous paraîtrait singulier, scandaleux même, qu'un gouverneur général achetât, vendît, spéculât d'une manière quelconque. Il en était, il devait en être autrement lorsque ce gouverneur général n'était que le représentant d'une société de commerce ; la simple logique le dit : mais ce que la logique n'expliquera jamais, c'est que des compagnies marchandes aient eu des hommes de guerre à leur service et aient entrepris de batailler. Commerce et guerre, c'est le feu et l'eau : prétendre les unir, c'est tenter le mariage impossible. Aussi, dit un auteur, de 55 compagnies créées en Europe avec cette prétention depuis 1660 jusqu'au milieu du siècle suivant, toutes échouèrent. La Compagnie des Indes anglaises seule a prospéré parce qu'elle ne tarda pas à intervertir les rôles ; à reléguer au second rang le commerce proprement dit et à faire la guerre, non pour protéger le traffic, mais comme moyen direct de lucre ; en un mot, à adopter la méthode romaine un peu plus cauteleuse au début, au total, aussi dure si ce n'est davantage.

La partie exclusivement coloniale et administrative de la carrière de Labourdonnais se trouve comprise, ainsi que nous l'avons dit, entre 1735 et 1740. Ce n'est pas, toutefois, que certains actes n'aient marqué sa seconde résidence. A partir de 1741, nous le rencontrons quelquefois à Bourbon, mais alors encore, le marin prédominait. Le principal pour lui, c'était sa flotte. A tout prix, il fallait l'entretenir, comme aussi prendre des mesures en perspective de la guerre longtemps imminente et finalement déclarée.

Avec Labourdonnais, il s'opéra immédiatement un changement complet dans la position relative des deux îles : Bourbon passa au second plan. Le gouverneur général n'y venait que par occasion ; il avait compris l'immense avantage que procuraient à l'île de France, au point de vue militaire, les deux ports dont elle est pourvue ; il y fixa sa résidence et y appliqua tous ses soins, tous ses efforts, tous ses moyens. Certes, c'était opérer comme il fallait ; c'était avoir le sens politique, et agir dans l'intérêt général de la patrie commune ; à cet égard, il n'y a place que pour des éloges, et il ne faut pas les marchander. Le mal que l'île de France a fait au commerce et à la marine anglaise pendant la révolution et le premier empire doit être en grande partie rapporté à Labourdonnais qui en avait posé les moyens ; mais, si d'un autre côté, nous resserrons le cercle de nos appréciations ; et (tranchons le mot) si nous faisons une part à l'amour du clocher, nous serons tout porté à penser que lorsque les habitants de Bourbon exaltent Labourdonnais et lui dressent des statues, ils y mettent un peu de naïveté. Bourbon, sous son administration, comme plus tard, sous celle de M. Decaen, homme à son tour très remarquable, fut complètement sacrifié à l'île voisine. Bourbon fournissait des approvisionnements, des grains, des hommes même, quelquefois de l'argent, le tout sans qu'on lui en sût beaucoup de gré. En somme, c'était une orange bonne à presser et on ne s'en faisait pas faute ; aussi n'est-il pas étonnant que Labourdonnais n'ait laissé ici en travaux utiles, aucune trace de son passage, si ce n'est, toutefois, le pont débarcadère qu'il fit jeter en rade de St.-Denis et dont nous parlerons plus tard. Quant à la loge dont il s'attribue la construction, cette expression en usage alors pour désigner le lieu où se tenaient les bureaux de la Compagnie, ne signifie pas grand'chose. Aurait-il voulu parler de l'hôtel actuel du gouvernement ? Il se serait alors attribué un mérite qu'il n'avait pas, car, au moment de son départ, l'édifice était encore à l'état naissant ; la pensée seule paraît devoir lui être comptée.

Ce que l'une et l'autre colonie doivent très-certainement à Labourdannais, ç'a été l'introduction du manioc qu'il porta ou fit venir du Brésil ; il dit avoir eu bien de la peine à le faire accueillir des habitants, ce qui se conçoit assez aisément. Il s'agissait alors du manioc franc qui contient un suc dangereux et dont on ne fait usage en Amérique qu'à la suite d'une certaine manipulation. Nos habitants accoutumés à un emploi direct de tous les végétaux qu'ils avaient sous la main, et, disons-le, insouciants si ce n'est paresseux, ne manquèrent pas de prétextes spécieux pour expliquer leur réserve à l'égard d'une plante qui devenait un danger pour l'homme à la plus légère imprudence commise, et qui était un danger permanent pour le petit et le gros bétail, à moins d'une surveillance très attentive.

La culture de cette plante, de première utilité, ne s'est réellement établie à Bourbon qu'après la substitution du manioc doux ou camanioc cultivé à Cayenne au manioc franc ; ce qui ne remonte pas, si nous ne nous trompons, au-delà d'une soixantaine d'années. Précédemment le manioc doux était connu ; on le cultivait même sur une petite échelle ; mais parce que ce n'était pas, comme à l'heure actuelle, une espèce faite et déterminée, il dégénérait promptement et retournait au type amer.

Pour conclure, à l'égard de Labourdonnais, nous pensons qu'en tant que militaire et marin, on lui a attribué trop d'importance, mais que l'administrateur et surtout l'organisateur, se révélait en lui avec des capacités de premier ordre. Possible encore, qu'attaché comme il le fut à une Compagnie de marchands chez laquelle la pensée politique et patriotique faisait à peu près défaut, il ait été souvent entravé dans sa spontanéité et empêché dans le libre et complet développement des facultés dont la nature l'avait doué.

La présence de Labourdonnais aux îles influa tout d'abord sur les Conseils supérieurs. Ces Conseils qui ne furent renfermés dans leurs attributions exclusivement judiciaires qu'à la rétrocession au Roi, en 1767, étaient avant tout, sous le régime de la Compagnie des Indes, des conseils d'administration ; c'était même à eux que les dépêches des administrateurs généraux étaient adressées de Paris. Longtemps Bourbon eut la haute main, car il n'y avait à l'île de France qu'une juridiction subordonnée, sous le nom de Conseil provincial, qui jugeait tant au civil qu'au criminel, et qui s'autorisa à des décisions si dangereuses et si hétéroclites, qu'il fallut le supprimer et le remplacer, en 1734, par un Conseil supérieur sur un pied d'égalité avec celui de Bourbon ; cette égalité ne fut que fictive. Labourdonnais sachant très bien que les Conseils présidés par le Gouverneur général ne faisaient guère qu'enregistrer ses volontés, se hâta d'attribuer la prééminence au Conseil de l'île où il se trouvait gouverneur. A certains égards, et pour empêcher les conflits, rien n'était plus logique ; mais c'était, à de très rares exceptions près, soumettre le Conseil de Bourbon à celui de l'île de France. Nous n'eûmes point à nous en féliciter ; ainsi, en 1735, on ne comptait à l'île de France que 835 individus, noirs ou blancs ; quatre ans après, il y en avait 2991, ce n'était pas assez ; il fallait marcher plus vite ; et le 8 janvier 1745, le Conseil de l'île de France, présidé par Labourdonnais, décida qu'on demanderait à Bourbon un noir sur 20 et qu'en cas de refus des habitants de les fournir, *on userait d'autorité*. D'autre part, la presque totalité des fonds dont on disposait était appliquée à l'île de France, ce qui se conçoit, puisque tout y était à créer ; mais la part faite à Bourbon était évidemment trop exiguë ; tellement même que pour masquer l'inégalité flagrante, on dut présenter les chiffres sous un jour trompeur. Il était dit par exemple (1) que de 1735 à 1740, on avait dépensé aux îles 4,168,072 livres tournois (2) en affectant deux millions deux cent quarante-un mille cinq cent quatre-vingts livres à l'île de France et 1,926,492 à Bourbon. Au premier abord, le partage semble assez convenable ; ce n'est plus cela dès qu'on y regarde d'un peu près. Les 2,241,580 livres remis à l'île de France l'étaient à fonds morts, tandis que sur les 1,926,492 livres de l'île Bourbon, 1,554,596 n'étaient que des fonds roulants employés à l'achat de café dont la Compagnie se remboursait avec usure, ce qui ne laissait à l'affectation effective de Bourbon que 774,898 livres, c'est-à-dire moins d'un tiers de ce qu'absorbait l'île voisine. Ce fut pourtant grâce aux seules productions agricoles de Bourbon que l'on put débuter dans la pratique de la monnaie fiduciaire, pratique du reste qu'on eut toujours soin de ne jamais laisser défaillir dans la Colonie. Dès ce moment, jusqu'à la révolution, et la révolution comprise, bien entendu, que le gouvernement fut aux mains de la Compagnie des Indes, du Roi ou de la république, le papier-monnaie, sous un nom ou sous un autre, faisant le mal, ruinant les gens, a constamment existé chez nous. Pour cette fois on y apporta quelque modération et une sorte de prudence. L'administration émit des billets de caisse dont le représentatif n'était pas en argent, mais en café et en vivres. S'agissait-il de denrées faites ou de denrées à faire, c'est ce que nous ne voyons pas clairement ; le dernier cas semble le plus probable. C'était, sous une

---

(1) Mémoire de Labourdonnais.—*Revue Coloniale.*)
(2) La valeur exacte de la livre tournois était de fr. 0,98 c. 762.

forme générale, une anticipation sur les versements auxquels les habitants étaient tenus.

Quoi qu'il en soit, la première émission s'éleva à 60,000 livres tournois, valeur en grains et à 300,000 livres, valeur en café. L'opération marcha comme elle put, c'est-à-dire pas trop bien, car, quatre ans après (11 septembre 1740), on jugea à propos de supprimer les billets. L'absence ou l'extrême rareté du numéraire, et l'absolu besoin d'un signe représentatif pour aider aux transactions, forcèrent de les rétablir dès l'année suivante (1741).

Tout cela avait lieu à Bourbon sur les indications du gouvernement central qui avait été transporté à l'île de France. De fait, à partir de 1735, il n'y eut plus à Bourbon que de simples commandants. Nos habitants firent, en toute justice, les distinctions convenables ; et sautant, pour ainsi dire, par-dessus le commandant particulier, agent passif d'exécution, ils savaient retrouver le gouverneur général où il était. L'occasion ne s'en fit pas attendre ; habitués, comme ils l'étaient, à une grande indépendance personnelle, deux années ne s'étaient pas encore écoulées, depuis l'arrivée de Labourdonnais, qu'ils se trouvèrent mal à l'aise devant ses façons de faire ; ils pétitionnèrent donc auprès du ministre de la marine. Labourdonnais, qui a soin de ne pas mentionner cette particularité dans ses mémoires, fit poursuivre les signataires de l'acte ; ce n'était pourtant pas à eux qu'on en voulait, mais au nommé Belcourt promoteur et porteur de la pétition. Belcourt put s'échapper, on ne le perdit pas de vue, et de forts indices semblent démontrer que Labourdonnais, ou les Directeurs de la Compagnie dont l'influence était alors entière, obtinrent, en l'absence de toute culpabilité chez Belcourt, que le séjour de Paris lui fut interdit. Écarter le porteur de la pétition c'était tuer celle-ci ; elle avait donc une certaine importance et ce trop d'ardeur à la poursuivre semble le démontrer. De vrai, les griefs qui y étaient formulés, une fois la part faite aux exagérations dont tout pétitionnaire ne se prive jamais, ne manquaient pas d'une certaine gravité.

Premièrement, on obligeait les habitants à fournir des noirs sur les travaux publics, sans qu'il soit prouvé qu'on payât la journée de l'homme, ou qu'on ne la payât point à un taux dérisoire. En second lieu, on forçait les habitants, sous le nom de détachements, à faire le service militaire à l'île de France. Cette conscription au petit pied était d'autant moins excusable, qu'on était alors en pleine paix. Enfin, et surtout, les agents de la Compagnie exploitaient à leur profit personnel, au grand préjudice des habitants et sans avantage pour la Compagnie, le privilége de celle-ci relativement aux marchandises de l'Inde et d'Europe ; de telle façon qu'aussitôt qu'un navire arrivait, les dits agents faisaient leur choix, mettaient de côté et gardaient pour eux, au prix du tarif, les meilleures marchandises qu'ils faisaient revendre ensuite par des gens à eux et très cher, ne débitant aux prix et au compte de la Compagnie que les résidus et les basses qualités. Cette dernière imputation, à la supposer parfaitement établie, aurait seule assez de portée pour expliquer, même à une époque plus reculée, « l'in- « dignation avec laquelle, selon l'expression de Poivre (1), « le gouvernement avait vu ces émigrations d'une multi- « tude de colons qui ont emporté en France des fortunes « énormes faites aux dépens de la patrie. »

En 1738, le conseil d'administration, présidé par La-

---

(1) Œuvres in-8°, Paris, 1797, pages 208 et 209.

bourdonnais, qui se trouvait alors à Bourbon, se décida à changer le chef-lieu de la Colonie et à transférer, de St.-Paul à St.-Denis, le magasin général et les bureaux de la Compagnie, ce qui entraînait le déplacement du personnel. Tout cela n'était pas, paraît-il, fort encombrant, et ce qui le prouve bien, c'est la prestesse avec laquelle l'opération fut conduite. Ordonné le 26 septembre, le transfert s'effectuait le 30. Le Conseil ne donna pour tout motif à cette évolution que les convenances personnelles du Directeur général qui, disait-on, résidait plus souvent à St.-Denis qu'à St.-Paul. Peut-être y en avait-il de plus sérieux et restés secrets, mais ils n'étaient sans doute pas fournis par la nature des choses, car, en ce moment, la partie du Vent de l'île était la moins peuplée et la moins productive. Par exemple, en 1738, la récolte de café, officiellement constatée, excédait à peine mille balles dans la partie du Vent, tandis qu'il était prouvé que, déjà dans les années précédentes, St.-Paul et le territoire de l'Ouest avaient produit 6,000 balles de café.

Quoi qu'il en puisse être, en même temps qu'on s'établissait à Saint-Denis, on avait à y installer des hôpitaux; un arrêté du 30 octobre en fait foi. La population civile était fort peu intéressée à cette création, mais quant aux marins, aux soldats et aux employés secondaires, il y avait nécessité absolue. C'est pendant le séjour qu'il fit à cette époque à Bourbon, que Labourdonnais prescrivit l'établissement du pont volant auquel il donna son nom et qui facilitait les opérations de la rade. Cet ouvrage appuyé sur une forte jetée en maçonnerie, aujourd'hui réduite à presque rien, par suite de la violence des flots, paraît avoir été, dans l'origine, une œuvre d'une certaine importance d'exécution et valant la peine d'être citée sous le rapport de la conception. C'est dans ce sens, qu'en parle le médecin anglais Hunter, prisonnier à Bourbon en 1763 et qui a pu en juger lorsque les choses étaient encore intactes. Les idées et les préoccupations de l'homme de mer avaient donc, dans la circonstance, bien inspiré le Directeur général, mais avaient aussi, nous le craignons, absorbé toute sa spontanéité utile quand à ce qui concerne Bourbon.

Le Conseil supérieur, nous l'avons dit, était en même temps et principalement Conseil d'administration et ne se réunissait pas à des époques fixes et déterminées ; tout au contraire, les affaires de la Compagnie exigeant qu'elle fût représentée un peu partout, les membres du Conseil durent avoir leur résidence dans les divers quartiers. En conséquence, le 7 mars 1739, on en fit la répartition comme il suit : trois à St.-Denis, un à Ste.-Suzanne, un à St.-Paul et un enfin à St.-Pierre. Ils étaient d'ailleurs dans leurs localités respectives, de hauts seigneurs ; nous autres Créoles, nous dirions de *gros-blancs*, se donnant partout ailleurs qu'à St.-Denis, le titre de commandant, ce qui a amené une certaine confusion dans la liste chronologique des gouverneurs de l'île. Au reste la commune de St.-Pierre ne tarda pas à obtenir la supériorité sur les autres ; on l'explique par l'abondance de ce côté des blés dont l'île de France avait besoin absolument et qu'il fallait acheter et expédier. Ce qui est certain c'est que le commandant de St.-Pierre entrait pour un chiffre distinct dans la répartition des remises que la Compagnie accordait à ses agents. Un curieux état, dressé en 1750, établit qu'en 1747 le total des ventes de la Compagnie s'élevait à 519,176 livres tournois dont 371,236 à l'île de France et 147,940 à Bourbon et que la remise de 5 0/0 sur ces sommes se répartissait, comme suit :

Au Directeur général à l'île de France 2/5

Au Gouverneur de Bourbon,................ 1/5
Au Commandant particulier de St-Pierre (du 5me) 1/3

Le reste se partageait entre les membres du Conseil des deux îles.

A l'époque où nous sommes rendus, le Cardinal de Fleury était encore premier ministre et c'était une gracieuseté à lui faire que de s'occuper d'affaires ecclésiastiques : la colonie n'y faillit point. Le 3 mars 1739, elle signa un concordat avec le général de la congrégation de St-Lazare en vertu duquel le service spirituel de la colonie fut confié, ou plutôt, maintenu aux prêtres de cette congrégation. Cet acte était de surabondance, car il en existait un autre rédigé dans le même but le 17 juillet 1736, alors que déjà, et en fait, les Lazaristes étaient installés dans l'île depuis l'année 1714. A tout prendre, on n'a jamais eu à se plaindre d'eux ; les disciples du pâtre des Landes devenu grand homme, n'ont jamais passé pour être des prêtres turbulents ou ambitieux. Cela n'empêchait pas cependant que de temps à autre, il ne surgit chez eux des velléités de récalcitrance ; aussi tout en faisant la part de cette disposition que les bureaux du ministère eurent toujours, et alors plus que jamais, à mal qualifier les actes qui heurtaient leurs idées, on est bien forcé de reconnaître de la chaleur de tête chez certains de nos curés ; et ce n'était pas absolument sans motifs que le Roi ordonnait le 26 février 1781 à M. de Souillac, alors gouverneur général, « de s'attacher à « détruire le germe des dissensions qui, depuis plusieurs « années, avaient jeté le trouble dans les paroisses, et fina- « lement de renvoyer les esprits enclins à la cabale. »

En cette même année 1739, on s'occupa un peu chez nous des voies de communication intérieure : un administrateur de la portée de Labourdonnais, si peu disposé qu'il fût pour nous, n'avait pas inutilement passé par ici. C'est souvent le propre des hommes d'une capacité réelle de faire sentir leurs aptitudes, même involontairement ; d'abord on ordonna l'ouverture d'un chemin entre St.-Paul et St.-Pierre. Jusque-là on n'avait eu que des sentiers à travers bois et rochers, ou bien on communiquait par mer. De St.-Benoit à St.-Denis également on en était réduit à suivre les traces des chasseurs ; aussi l'ouverture d'un chemin fut-elle ordonnée dans cette direction. Arrivant tout de suite aux moyens d'exécution, on créa an mois de 7bre (23), des ateliers de noirs appartenant à la Compagnie. Jusque-là tout était bien ; mais on voulut aller plus loin, et plus vite et l'on établit la corvée. L'habitant eut à fournir, chaque année, un certain nombre de journées de noirs. Labourdonnais, créateur du procédé, s'aperçut vite que ses administrés n'en faciliteraient pas le fonctionnement : on s'abstenait ; et ce fait négatif n'était pas facile à dominer. Labourdonnais avec son esprit inventif en vint pourtant à bout. La Compagnie était privilégiée et seule elle avait le droit de fournir à la consommation locale quelque espèce de marchandise que ce fut. Or, Labourdonnais prescrivit qu'il ne fut rien délivré dans les magasins de la Compagnie à quiconque n'aurait pas fourni son contingent aux corvées : ce blocus mis devant les besoins que la civilisation a faits à l'homme, eut un plein succès ; on céda ; à partir de ce moment (1739) jusqu'en 1834 que les conseils Municipaux produits de l'élection par censitaires ne voulurent plus absolument de la corvée, celle-ci maniée et remaniée dans sa forme, et dans ses exigences, sans jamais perdre de sa nature, a été une contrariété et un embarras constants pour l'agriculture coloniale, sans grand profit pour la chose publique. Composés de ce que l'habitant pouvait y faire admettre de plus mauvais après le triage qu'il faisait de ses gens, ces ateliers sans homogénéité et constamment renouvelés dans leurs éléments, ne donnèrent qu'un travail médiocre en quantité comme en qualité.

Une autre mesure prise à la même époque (27 7bre), suscita encore beaucoup de plaintes quoique s'appuyant au fond sur un point d'équité. La Compagnie, dans son commerce local, vendait le plus souvent à terme et avait de nombreux débiteurs : beaucoup d'entre ceux-ci réalisaient précipitamment leur avoir et avant de s'être libérés, quittaient la Colonie. Ce mode d'opérer, frauduleux le plus souvent, dut être réprimé ; malheureusement on ne sut pas ménager les principes : dans l'école despotique, soit d'en haut, soit d'en bas, on s'imagine que la confection des lois est toute de bon plaisir et ne connaît ni frein ni règle. On défendit donc aux habitants de vendre leurs immeubles, sans autorisation préalable du gouverneur. Ce fut une sorte de séquestre général qu'aurait pu justifier seulement une clause formelle des actes de concession, laquelle ne s'y trouvait nulle part. Tout porte à croire qu'un procédé aussi brutal envers la population ne survécut pas longtemps à l'homme qui l'avait mis en pratique et que rentrant dans des voies moins insolites, on put, après son départ, atteindre la fraude par des mesures administratives plus acceptables.

Labourdonnais poursuivait toujours la réalisation de ses idées, obstinément et coûte que coûte. Décidé à concentrer toutes les forces de la colonisation sur l'île de France, il arracha, à la même date (1739) au Conseil supérieur de Bourbon, une déclaration solennellement inscrite sur les registres et portant que l'île était assez peuplée et qu'elle produisait trop de café. A la place du café dont on se dégoûtait, on poussa à la culture du coton dont nous avons déjà parlé et à celle de l'indigo. Sur ce dernier point on ne fit pas grand'chose si même on fit si peu que ce soit. L'indigo n'est pas un produit de première intention, il exige plusieurs jours d'un travail raisonné, c'est-à-dire qu'il a sa partie manufacturière dont nos habitants étaient à cette époque fort peu capables. A l'île de France, dit-on, on réussit un peu mieux ; ce n'a été que longtemps après, de 1811 à 1816, que des tentatives pour la fabrication de l'indigo furent renouvelées chez nous. M. de Fondaumière créa deux établissements à St.-Benoit, l'un à la ravine sèche, l'autre à la rivière St.-Pierre. D'autres habitants de la localité l'imitèrent, personne ne paraît avoir complètement réussi. La denrée produite était de mauvaise qualité, elle trahissait l'inexpérience et péchait par la manipulation. Un sieur Preyre de Valergne qui connaissait à fond les procédés usités au Bengale et qui s'y conforma avec soin, fut beaucoup plus heureux sur un établissement qu'il fonda dans les hauts de Ste.-Marie : il produisit de bel indigo flottant. Néanmoins, à Ste.-Marie, comme ailleurs, il fallut renoncer à cette nouvelle industrie à cause de l'insignifiance des quantités obtenues. L'indigotier croissait bien et rapidement partout, mais les chenilles se jetaient sur la plante et en dévoraient les feuilles, qui en constituent la partie utile : une nuit leur suffisait souvent pour dépouiller tout un champ.

L'année 1740 qui fut celle où Labourdonnais partit pour France, laissant le gouvernement général à Saint-Martin, n'ammena aucune amélioration dans la situation intérieure de la Colonie. On crut cependant devoir faire, au mécontentement général, une sorte de concession en permettant l'établissement de boutiques particulières dans les chefs-lieux de quartiers (26 Xbre). Jusque-là, les habitants, quel que fut l'éloignement de leur domicile réel, étaient contraints de venir à jours et heures préindiqués, s'approvisionner aux magasins généraux de la Compagnie des objets les plus minimes et les plus usuels. Certes, la faveur des boutiques n'étaient pas grande, mais puisque c'en était une et qu'on la donnait comme telle, nous obtenons la mesure du régime auquel la Compagnie des Indes avait soumis la Colonie, et nous commençons à trouver que celle-ci n'avait pas si grand tort de se plaindre.

On fixe ordinairement au 26 7bre 1740 la fondation de la paroisse St.-André par un démembrement de celle de Ste.-Suzanne. Les registres curiaux ne s'y ouvrent néanmoins qu'en 1745 ; il est vrai qu'il y manque quelques feuillets ; les répertoires remontent à 1742. Ceci est écrit en 1876 : Nous ne garantissons pas la longue existence de ces documents dont on ne paraît pas faire assez de cas.

Le terrain, pour l'édification de l'Eglise de St.-André et de la Cure, ne fut pas, comme à Ste.-Marie, l'objet d'une générosité particulière, mais fut simplement acquis par les habitants de la localité des sieurs Palmaroux et François Ango. L'Eglise qui existait encore en 1789 sur le sol même où est aujourd'hui la mairie, fut rasée au fort de l'effervescence révolutionnaire par les ultra-républicains et ne fut reconstruite, toujours sous le vocable de St.-André, qu'en 1819, par les soins de l'abbé Minot, prêtre d'une piété chaude et intelligente qui, ancien officier de cavalerie, avait conservé de son premier état l'activité et la résolution ; il prit l'initiative de l'œuvre et mena celle-ci à bonne fin à l'aide d'un modeste secours de 6000 francs que lui accorda le Gouvernement, et de souscriptions qu'il sut obtenir de ses paroissiens. La commune qui s'était d'abord tenue sur la réserve fut, bon gré mal gré, obligée d'intervenir plus tard. Cette église qui n'est pas, comme on le sait, un modèle d'architecture, fut achevée en 1821 : le 29 9bre elle fut bénite et ouverte au culte. L'abbé Minot y a été enterré en violation des règlements, mais aussi en toute justice, car il pouvait bien l'appeler sienne.

En 1742, on dressa le plan de la ville de Saint-Denis, qui fut homologué le 2 mai par arrêt du Conseil supérieur. L'hôtel du gouvernement était alors en construction, mais bien peu avancé. L'Eglise se trouvait là où est aujourd'hui la Cathédrale. Un vaste terrain avait été concédé pour son emplacement et pour le presbytère, à M. Criais, préfet apostolique, ou plutôt aux Lazaristes ; quand la révolution arriva, une partie de ce terrain fut confisquée et vendue nationalement à un prix minime. Le plan dont il s'agit, le procès-verbal d'abornement qui y était joint et l'arrêt d'homologation disparurent ensemble le 15 août 1744, sous un trait de plume. Labourdonnais en fit table rase dans un style hasardé : petit détail qui, vu l'époque ne prouve rien. Lamotte Piquet, marin aussi, traitait fort mal nos ennemis et encore plus mal sa langue maternelle.

Quelques personnes ont cru que l'établissement des douanes devait être rapporté à cette année 1742, ce qui n'est guère vraisemblable. A quelle fin la Compagnie eût-elle établi des taxes d'entrée ou de sortie sur des marchandises qu'elle avait seule le droit d'introduire ou d'exporter ? Quoi qu'il en soit, elle n'était pas satisfaite de ses opérations commerciales ; elle perdait sur le café qu'elle s'était obligée de payer aux habitants sur le pied de 3 livres la livre. Ce qui aujourd'hui paraîtrait un peu cher. Ne pouvant se dégager à leur égard comme marchande et contractante, elle tenta d'arriver à son but par voie administrative. Le plus court, pour ne pas acheter le café cher, c'était de ne pas en avoir à acheter. Le 8 août 1743, Labourdonnais, présidant le Conseil d'administration, il fut déclaré par celui-ci que la Compagnie ne voulait plus désormais recevoir qu'un million de café (ce qui n'était que le tiers de la produition totale) et que la Colonie en produisait trop. On défendit non-seulement de planter de nouveaux caféïers, mais encore de remplacer ceux qui auraient péri. Une fois en voie d'édicter, on ne s'arrêta pas en si beau chemin ; on créa une commission chargée d'aller visiter les lieux, de faire arracher *tous les plants nouveaux et quatre fois autant des anciens* par manière de pénalité, sans compter, comme couronnement de l'édifice, deux cents piastres d'amende. Disons bien qu'en tout ceci on était d'autant plus reprochable que si la Compagnie ne pouvait pas exporter tout son café, il y avait certainement de sa faute : peu de temps auparavant, son agent à Bassora, avait demandé 300 balles de café Bourbon, mais au lieu de se ménager ce nouveau débouché, on ne sembla même pas en comprendre l'importance : ou on négligea d'expédier la denrée, ou on n'apporta aucun soin dans le choix de sa qualité, toujours est-il que le marché de Perse qui offrait tant de ressources, fut perdu dès l'origne.

On conçoit qu'avec de telles façons de procéder, la Compagnie ne s'attirait pas les sympathies coloniales. On peut donc ajouter foi à l'affirmation d'un arrêt de règlement de cette époque, « qu'il existait chez l'habitant, une « défiance inexcusable qui rendait suspect tout ce qui « émanait de l'autorité et le faisait envisager sous un jour

« désavantageux. » Les administrateurs avaient essayé, il est vrai, en 1742, de corriger l'esprit public à l'aide d'une assemblée de notables, mais n'avaient guère réussi. L'opposition visa tout d'abord aux principes et contesta la qualité des notables ; leur élection avait été par trop officielle ; ils n'avaient pas de procuration des habitants ; par suite, les règlements qui émanaient d'eux n'étaient appelés à recevoir aucune exécution et n'en reçurent en effet aucune. La partie était, comme on le voit, engagée. Les habitants, c'est-à-dire l'opposition, ne restaient point inactifs. Un sieur d'A..., qui se disait descendant en ligne droite de Pierre l'Hermite (1), ce qui n'importait guère dans la circonstance, se chargea, en rentrant en France où des affaires personnelles l'appelaient, de faire valoir les griefs de ses compatriotes contre la Compagnie des Indes et contre Labourdonnais. Ce fut un concert de récriminations. Les habitants de Bourbon se plaignaient de la Compagnie et de Labourdonnais ; la Compagnie se plaignait de Labourdonnais et des habitants ; enfin Labourdonnais se plaignait de tout le monde. D'Achery qui était un homme sérieux, sut obtenir une audience du Cardinal de Fleury ; mais ce vieillard de 89 ans, embarrassé de ses querelles avec les Jansénistes et de la guerre d'Allemagne, et qui, d'ailleurs, sentait approcher sa fin, ne voulut rien entendre ; il traita les Colons de *turbulents* et renvoya le député au garde-des-sceaux qui n'avait rien à voir dans cette affaire. Les habitants, de leur côté, n'avaient pas opéré convenablement ; loin d'agir avec ensemble et de constituer

---

(1) On lit dans le *Moniteur universel* du 20 octobre 1876 : « Le pape vient d'élever à la dignité de prince romain, le duc Edmond-Louis-Rose d'Achery, de la famille de Pierre d'Achery, plus connu sous le nom de Pierre l'Hermite.

un comité qui eût donné à leurs réclamations une seule et même et plus vigoureuse impulsion, ils divisèrent leurs moyens. Ils ne s'en tinrent pas à d'Achery, ils confièrent aussi des pouvoirs à Belcourt qui réussit mal, comme nous l'avons vu, puis encore à une autre personne de meilleur aloi, mais qui n'avait pas la moindre idée des affaires coloniales. Surtout, ils oublièrent la chose la plus essentielle, qui était d'envoyer de l'argent à leur mandataire. Solliciter sans argent, cela se comprend-il ? Aussi, en fin de compte, toutes les plaintes, les députations et les réclamations n'aboutirent à rien. D'ailleurs Labourdonnais allait bientôt quitter son gouvernement, et cette circonstance était de nature à calmer beaucoup d'irritations, du moins à Bourbon.

En 1744, le 18 août, le navire le *Saint-Géran* faisait naufrage complet en arrivant à l'île de France. Il était ou devait être chargé de 200,000 livres en espèces qui furent perdues. L'argent comptant porte souvent malheur aux navires : La *Méduse* avait aussi de l'argent à son bord !

Si la Compagnie n'avait pas eu à l'île de France un homme aussi fertile en ressources et d'une valeur aussi réelle que Labourdonnais, ses affaires aux îles eussent été sérieusement compromises, au moment même où l'on apprenait la déclaration de guerre, par la perte du numéraire et des approvisionnements dont le *Saint-Géran* était chargé : 200,000 livres ! C'était bien peu de chose, sans doute ; mais elles étaient en monnaies réelles, ce qui, vu les circonstances locales, en décuplait la valeur.

Il n'y eut qu'une personne à laquelle le naufrage du *Saint-Géran* ait profité, ce fut Bernardin de Saint-Pierre qui s'en empara pour construire le roman de Paul et Virginie qui a fait sa réputation. Il est inutile de dire que la furieuse tempête qu'on y voit est de pure invention ; au mois d'août, il n'y a pas d'ouragans aux îles. Bernardin de Saint-Pierre compte, sans contredit, parmi les écrivains qui ont su le plus habilement manier la langue française ; néanmoins c'est une réputation qui tend à pâlir ; il y a sous ce style si pur, si correct, si harmonieux, quelque chose d'affecté et de maniéré. Le style est l'homme, dit-on ; il faut pourtant s'entendre là-dessus. Si l'homme, quand il prend la plume, est obligé de se transformer, il reste gêné et embarrassé, son style s'en ressent et n'est jamais loyal et franc. Or, Bernardin de Saint-Pierre n'était pas, assure-t-on, d'humeur affable et gracieuse ; la sentimentalité qu'il a versée à pleines mains dans ses romans et dans ses études de la nature (autre roman), n'était en réalité que de la sensiblerie : c'est ce qui saute aux yeux dès que l'art des enjolivements disparaît. Celui qui, en épousant la veuve de Bernardin de Saint-Pierre, croyait avoir hérité de son style, l'a bien prouvé : le pastiche met tout de suite en relief les défauts de l'œuvre et du genre imités.

Sauf la perte du *Saint-Géran*, l'année 1744 se passa assez tranquillement sous tous les rapports, car il faut ranger parmi les faits controuvés cette éruption du volcan de Bourbon par un cratère nouveau et éloigné qui aurait, dit-on, à cette date, fourni la coulée de lave que l'on rencontre à Ste.-Rose entre la rivière de l'Est et le Maroquin. L'assertion ne repose que sur des propos légèrement émis et naïvement répétés. Les titres de l'époque prouvent que le *Petit-Brûlé*, à l'état déjà ancien, existait en 1745. Le fait qui paraît le mieux acquis à l'égard du volcan de Bourbon, c'est que depuis que l'île est connue, les laves ne sont jamais sorties de l'espace qu'elles parcourent aujourd'hui.

L'année 1746 fut une année de mouvement pour le personnel administratif. Le sieur de Ballade, conseiller à la Cour des aides de Paris prit, le 4 mars, le gouvernement de Bourbon, se donna le titre de gouverneur général et garda l'intérim jusqu'au 6 novembre jour où Barthélemy David, nommé par lettres-patentes du 10 mars précédent, se fit reconnaître au Conseil supérieur de Bourbon, en sa qualité de gouverneur général des deux îles à la place de Labourdonnais, lequel, disait la commission, avait obtenu *la permission* de se retirer. David prêta serment entre les mains de Didier de Saint-Martin, délégué à cet effet par le chancelier d'Aguesseau.

Saint-Martin, de son côté, était reçu le même jour, en qualité de gouverneur particulier de Bourbon et de président du Conseil, en vertu d'une nomination royale du 10 mai, et prêtait serment entre les mains de Ballade, qualifié seulement premier conseiller et chargé de remplacer Saint-Martin, en cas d'absence, de celui-ci, ce qui eut lieu en effet en 1748, mais pour peu de temps seulement, car Ballade, mourait l'année suivante à peine âgé de 36 ans.

Nous avons déjà cité le nom de M. Louis Criais, vice-préfet apostolique et vicaire de l'Archevêque de Paris. Il avait donné jusqu'ici une bonne partie de ses soins à la construction d'une église paroissiale à Saint-Denis ; il eut la satisfaction de la bénir et de l'ouvrir au culte le 24 mai de cette même année 1746. Elle se trouvait là où est aujourd'hui la Cathédrale, nous disons bien la Cathédrale terminée et non celle qui, commencée dans la période dévote ou prétendue telle du second empire, est restée en chemin quand on s'est refroidi avec le clergé. L'église de M. de Criais, que nous avons vue, n'avait rien de monumental, soyez-en bien certain, mais elle suffisait à la population d'alors. Dix ans entiers s'écoulèrent avant qu'elle pût être épiscopalement consacrée, ce qui eut lieu enfin le 15 août 1756, lors du passage à Bourbon de Monseigneur Edme de Benetat, vicaire apostolique de Cochinchine et évêque in partibus d'Eucarpie, ville aujourd'hui bien oubliée des géographes et dont cependant les raisins furent longtemps l'honneur et la merveille de l'ancienne Phrygie.

M. de Criais dont nous parlons était un homme actif et payant volontiers de sa personne ; un des premiers il fit le tour de l'île par le littoral. Ce serait même dans ce voyage qu'il aurait laissé son nom à une ravine située sur les bords du *Grand-Brûlé*. Il faut mettre au nombre de ces plaisanteries rapées qu'on ne se permettrait plus aujourd'hui dans un ouvrage sérieux, le récit où Bory de St-Vincent, représente le clergé colonial allant en grande pompe exorciser le volcan et n'obtenant pour tout résultat que de donner à une certaine localité le nom du curé exorciste qu'il appelle *Kriaize*, c'est-à-dire Criais, la corruption grammaticale s'expliquant fort bien par les facilités que Bory de St-Vincent s'accordait en matière d'or tographe.

Tout ceci prouve bien que la colonisation avait déjà pénétré de ce côté de l'île. La première mention, très-indirecte il est vrai, qui en soit faite, se trouve à la date du 19 août 1747, dans un arrêt rendu sur contestations entre un ancien employé de la Compagnie et un sieur Ducheman fils, *habitant au Trou*, quartier St.-Joseph. Cette localité, située aujourd'hui dans l'enclave de St.-Philippe, est, si nous ne nous trompons, celle que l'on nomme la *Mare* d'Arzule du nom d'un sieur Arzul Guichard qui s'y serait établi un des premiers. Peu importe, d'ailleurs ; ce qui est certain, c'est que les habitants de ce côté restèrent longtemps clair-semés et si bien que l'on put différer sans inconvénient, jusqu'en 1790, l'érection de St.-Joseph en paroisse régulière.

Labourdonnais dit dans ses mémoires que la première apparition du pavillon anglais autour de nos îles eut lieu en 1748; ce fut cependant à cause de la présence d'une escadre ennemie que Saint-Martin, en 1747, fit élever des batteries de défense dans la baie de St.-Paul et fit démolir les maisons des habitants afin d'en employer les matériaux aux plates-formes de cet ouvrage. Pour être juste, ajoutons qu'on régla plus tard l'indemnité due aux dépossédés et qui ne dut pas être bien considérable, car ce qu'on qualifiait alors de maison n'était qu'un rez-de-chaussée au milieu d'un enclos, à son tour qualifié de jardin, où croissaient quelques arbres.

Remarquons, à ce propos, que l'île Bourbon paraît n'avoir eu, sauf le citronnier, aucun arbre fruitier qui lui fût propre : tout a été introduit de divers côtés, surtout de l'Inde continentale. On pense que la mangue en provient, quoiqu'elle ait bien pu avoir été apportée de la côte d'Afrique avec laquelle le commerce des esclaves nous mettait en fréquents rapports et où elle existait depuis longtemps déjà, ainsi que le témoigne le voyageur arabe Ibn-Batoutah, qui a fréquenté ces parages au commencement du XIVe siècle, et qui a donné une bonne description de la mangue, ainsi que d'un autre fruit dont la naturalisation chez nous a été beaucoup plus tardive et qu'il appelle Djammon ou Djambon d'où les savants ont fait *Eugenia Iambos*. Quant au tamarinier, s'il n'est pas indigène, ce qui ne serait pas impossible, il nous est venu de Madagascar où il a été trouvé en abondance par le premier amiral que la Compagnie hollandaise des Indes envoya à Java en 1595 et qui a même pris soin de nous faire connaître l'étymologie du mot, *tamar indie, datte de l'Inde, tamar* en arabe signifiant datte ; nous donnons l'orthographe du Hollandais ; mais nous croyons prudent d'ajouter que le docteur Chaumeton, dans la synonimie de sa flore médicale, écrit *tammer Bendi*.

Les îles de l'archipel d'Asie nous ont aussi fourni leur contingent. Vers l'année 1748, nous en avons reçu le framboisier des Moluques qui, d'après le botaniste Dupetit-Thouars, n'est qu'une simple ronce. On la retrouve aujourd'hui partout dans les lieux frais, ce qui n'est pas une raison suffisante pour qu'elle soit indigène à Bourbon, comme on l'a écrit en la nommant *Ronce à feuille de rosier* (Rubus Rosœfolius.) Le véritable framboisier d'Europe a été apporté à Bourbon en 1817 ; mais après avoir parfaitement réussi à une altitude convenable et avoir donné de bons fruits rouges et blancs, il a bien vite dépéri et ne se trouve plus que chez quelques amateurs de jardinage.

Tout porte à croire que c'est également dans la première partie du siècle dernier que le cannellier a été introduit de Ceylan à Bourbon. Un voyageur mentionne, en 1763, la cannelle comme objet d'exportation. Cette branche d'industrie agricole ne paraît pas avoir jamais été prise bien au sérieux. On ne savait pas préparer la cannelle ; c'est ce que fait très explicitement remarquer Leschenault de Latour dans un mémoire sur la matière qu'il a publié pendant son séjour à Bourbon, en 1821, et où il reconnaît que l'espèce que nous possédons est celle qui donne la cannelle vraie et marchande. Ce témoignage est décisif, car Leschenault de Latour était un naturaliste d'une grande valeur. Il connaissait à fond tout l'archipel des Indes. Ce fut au moyen de ses recherches dans ces parages qu'il put ramener à une réalité très-suffisante, l'histoire romanesque que le comte de Provence, depuis Louis XVIII, malicieux de son naturel et s'aidant du hollandais Foersech, avait fait accepter au public parisien sur le compte de l'Ipo ou Bohon Upas, poison formidable de Java et autres îles. Leschenault n'était pas seulement un voyageur hardi et très instruit ; il avait en outre ses originalités : c'est ainsi qu'il se faisait toujours accompagner d'un verre à boire pouvant contenir un bon litre d'eau ou de vin, et d'un serpent boa long de 5 à six pieds, animal d'ailleurs assez inoffensif et que nous avons vu une demoiselle enrouler par façon d'amusement autour de son bras nu.

La cession de l'île de Sainte-Marie de Madagascar à la France eut lieu le 30 juillet 1750. Cette affaire fut négociée par M. Barthélemy David, gouverneur de l'île de France, avec la princesse Béti qui avait succédé à son père Tamsimalo, à Foulepointe. L'île fut remise à M. de Villiers, commandant le navire le *Mars*, qui en confia immédiatement le gouvernement à un sieur Gosse qu'il avait à son bord. Malheureusement Gosse sut plutôt se mettre dans les bonnes grâces de Béti, que dans celles de sa mère veuve de Tamsimalo ; cette dernière, blessée dans son amour-propre de femme, excita les naturels qui, le 24 décembre 1754, fondirent en grand nombre sur les Français et les massacrèrent. Il fallut faire partir immédiatement une expédition de l'île de France pour reprendre possession des lieux. On tua du monde, on brûla des villages et finalement on resta maître.

Quant à la princesse Béti, toutes les apparences sont qu'elle perdit son trône de Foulepointe, et qu'elle se réfugia à l'île de France où longtemps après, le 19 mai 1780, elle obtint un arrêt de naturalisation en reconnaissance des services rendus aux Français par son père Tamsimalo et par son mari.

En 1753, M. Brenier était gouverneur par intérim à Bourbon, et M. Magon arrivait à l'île de France (20 décembre) avec le titre de directeur de la Compagnie et de commandant général des deux îles. Qu'il ait été le père ou seulement l'homonyme du Magon qui combattit si vaillamment à Trafalgar, peu importe, toujours est-il qu'il s'occupa fort peu de Bourbon où il paraît n'être jamais venu. Ce n'en était pas moins un administrateur éclairé. C'est lui qui envoya le sieur Morphy avec les frégates le *Cerf* et le *Saint-Benoit* faire l'exploration des Séchelles et en prendre possession le 6 septembre 1755 ; il contribua beaucoup aussi à la prospérité d'une usine dont Bougainville parle avec intérêt et qui employait à l'île de France beaucoup d'ouvriers ; on obtenait de la fonte en qualité satisfaisante : le minerai se trouvait à fleur de terre et ne tarda point à s'épuiser. En 1770 on découvrit une nouvelle mine aux Pamplemousses ; elle était pauvre. Tout cela ne dura guère : en 1781, il n'en était plus question. (Legentil T.2, p. 678).

En 1754, l'abbé de Lacaille vint à Bourbon et n'y resta que très-peu de temps : cet astronome avait séjourné au Cap de Bonne-Espérance et en moins de deux ans, en dépit des vers où Camoëns proclame l'infériorité du ciel austral, il avait observé et classé 9,800 étoiles nouvelles. Il passa ensuite aux îles, par ordre du ministre, pour en dresser la carte : il ne fit rien à Bourbon qu'un catalogue des ouragans qui y avaient sévi de 1730 à 1754, catalogue inséré dans les mémoires de l'académie des sciences pour 1754, (page 219), mais qu'il ne faut consulter qu'avec certaines précautions : tout y fut de bonne prise et porté en ligne de compte ; les fortes brises, les simples bourrasques y reçurent un caractère et une importance qu'elles ne méritaient pas : l'ouragan n'est pas seulement du vent, c'est un phénomène météorologique *sui generis*. L'abbé s'était occupé plus sérieusement à Maurice pendant un séjour de plusieurs mois, quoique ses opérations se soient bornées à un simple relevé de l'île sur laquelle il donne d'ailleurs, dans son journal, quelques détails accessoires et intéressants. Nous savons par exemple, grâce à lui, que les Portugais y apportèrent les singes qui y ont si bien multiplié et qui, ajoute-t-il, « ne sont pas pour eux un *gibier indifférent* ; » pour l'abbé c'était du gibier. Pour d'autres, c'est l'*homme primordial*, opinion bizarre mais qui peut être logiquement soutenue aussitôt qu'on ne reconnaît pas en soi-même l'existence du *sens moral* qui pose la barrière entre l'homme et la brute ; libre à chacun de faire cet aveu si cela lui convient.

Le 9 avril de la même année 1754, les administrateurs de la Compagnie firent à Paris un règlement sur les concessions de terre et sur les obligations de ceux qui s'éloignaient des colonies. Nous ne connaissons pas la date de sa promulgation, mais l'original de la pièce existe aux archives ou du moins y existait, car ce dépôt a subi tant de déprédations imprudemment autorisées, qu'on ne peut plus rien affirmer sur ce qu'il renferme aujourd'hui.

La réserve dite des pas géométriques paraît avoir existé dès l'origine de la colonisation, aucun texte cependant ne l'avait consacrée ; et même à la date du 8 octobre 1737, un arrêt ne donne son existence que sous une forme dubitative. A partir de 1754 le droit fut régularisé. Les 50 pas géométriques à réserver au bord de la mer, à partir du point où s'arrêtent les plus hautes marées, furent déclarés partie essentielle et inaliénable du domaine avec réunion à celui-ci de tout ce qui en avait déjà été concédé.

Un autre droit dit encore de Réunion, et qui serait aujourd'hui le droit d'expropriation, fut consacré à l'égard de tous les terrains sur lesquels se trouvaient les magasins publics et les casernes comme à l'égard de ceux qui seraient jugés nécessaires à la défense de l'île ; dans ce dernier cas il y avait indemnité; reste à savoir si elle était juste et préalable, condition que le Code civil n'a pas omise, et que Louis XVIII, pour la soustraire à la mobilité des lois, a fait insérer dans la charte de 1814, les chartes et les constitutions étant de leur nature stables et durables; erreur d'honnête homme ou si l'on veut espièglerie de prince. Le règlement sur les pas géométriques est resté à peu près en vigueur jusqu'au 5 mai 1807, que M. Decaen jugea à propos de rendre un nouvel arrêté sur la matière : il y a peu de différence entre les deux textes, sauf que M. Decaen n'a pas parlé d'indemnité éventuelle, et qu'il a fixé le pas géométrique à 5 pieds, ce qui était fort inutile, la valeur du pas géométrique autrefois dit *pas allemand*, étant bien connue.

Il était bon d'être au service de la Compagnie. L'acte de 1754, en alléguant certains règlements anciens dont la date n'était pas donnée, réduisit toutes les concessions faites ou à faire, à 312 arpents quand il s'agissait d'un habitant, au double dès qu'il s'agissait d'un employé de la Compagnie. L'arpent était compté à 100 perches de 20 pieds, ce qui n'était ni l'arpent des eaux et forêts à 100 perches de 22 pieds chacun, ni l'arpent de Paris à 100 perches de 18 pieds ; au surplus la mesure agraire dont il s'agit et qui représente 42 20/100 pour cent de l'hectare n'a jamais été en usage à Bourbon où on a persisté à se servir de la gaulette de 225 pieds superficiels. Il en fut autrement à Maurice : l'arpent tel qu'il est indiqué dans le règlement de 1754 y devint et y resta la mesure agraire fondamentale.

Nous avons vu qu'à une date précédente la Compagnie s'était trouvé en désaccord avec les habitants au sujet des *lods et ventes* : aussi prit-elle grand soin, en traitant de la matière des concessions, de bien préciser que les lods étaient dus aux termes de la coutume de Paris, en ajoutant que le cens, pour chaque habitant, était de 16 poules ou chapons. Ce ne fut pas tout : on prétendait aux droits seigneuriaux et, en conséquence, on fixa les corvées dues par l'habitant à deux journées de chacun des noirs qu'il possédait, à partir de l'âge de 15 ans, la Compagnie se réservant en outre d'appliquer les hommes de peine ainsi obtenus à tel ouvrage que bon lui semblerait.

Labourdonnais, comme nous l'avons dit plus haut, avait adopté des mesures d'une âpreté extrême pour obliger les débiteurs de la Compagnie à se libérer envers elle. On ne le suivit pas dans cette voie : on adoucit en même temps qu'on généralisa les mesures destinées à sauvegarder les droits des créanciers contre les débiteurs de mauvaise foi. L'article 13 du règlement de 1754 posa les bases de ce qu'on appela depuis le droit d'opposition aux départs, qui a subsisté jusqu'en 1834 ou environ. Ce droit, qui serait vexatoire, aujourd'hui que les communications avec la mère-patrie sont si promptes et si faciles, avait sa raison d'être lorsqu'il fallait six grands mois avant qu'on eût la réponse d'une lettre écrite. Quand, où, comment retrouver un débiteur qui, une fois éclipsé, avait devant lui tout le temps et toutes les facilités nécessaires pour déguiser ses ressources. On se souvint du droit d'arrêt que dans certaines parties de la France, et à Lyon, si nous ne nous trompons, les créanciers avaient sur leurs débiteurs forains : on prescrivit donc que nul ne pût quitter la colonie sans avoir satisfait ses créanciers, soit par arrangement soit par paiement. La permission de s'expédier n'était accordée qu'après publication au prône par trois dimanches consécutifs. Plus tard, le journal a remplacé le prône et la faculté de cautionner fut introduite, ajoutons, puisque nous sommes sur cette matière, que d'après la jurisprudence coloniale, le retour du débiteur libérait la caution.

A tout prendre, le règlement de 1754 qui, d'ailleurs, prononce la révocation de toute concession qui n'aurait pas été mise en valeur dans un délai déterminé, est en lui-même et dans ses dispositions principales, un acte sage et bien conçu : on eut grand soin de n'y faire aucune mention de ce *papier terrier*, nous dirions aujourd'hui *ce cadastre* vivement réclamé par les administrateurs précédents et qui avait si fort effarouché les habitants qui n'y voyaient qu'une préparation à l'*impôt foncier* ; mais, si fort opposé qu'on eût été à tout ce qui aurait pu faciliter les tentatives de l'administration dans ce sens, la division des propriétés collectives alors fort nombreuses obligeait à multiplier les opérations d'arpentage. St.-Leu est la commune où elles ont été le plus méthodiquement exécutées, grâce surtout aux facilités qu'offrait une localité où toutes les concessions s'étendent invariablement du bord de la mer au sommet des montagnes. Un premier plan partiel paraît avoir été dressé par Panon en 1737. En cette année 1754 où nous nous trouvons, un second plan fut levé par Malet Desbordes, puis un autre encore en 1780 par Laval, puis enfin le travail fut complété par Selbausen en 1790 et 1794 ; de telle sorte que tout le territoire de St.-Leu entre la grande Ravine et celle du Trou se trouva bien et dûment mesuré, si bien mesuré, en effet, que lorsqu'en 1792 on tenta l'impôt foncier, St.-Leu fut la seule commune où les choses marchèrent un peu régulièrement. Partout ailleurs l'absence de mesurage aidant le mauvais vouloir des administrés, l'impôt foncier, quoique offert à la Colonie comme une amélioration démocratique, échoua misérablement.

Bouvet de Lozier qui était déjà, en 1750, gouverneur à Bourbon d'où il passa à Maurice en 1755 pour revenir ensuite à Bourbon, y resta jusqu'en septembre 1763. Il cumulait sa qualité de gouverneur avec celle de capitaine de marine en activité, si même il n'eut pas le commandement général avant l'arrivée à Maurice du comte d'Aché le 17 décembre 1757. Aussi ne se gênait-il guère pour quitter assez souvent la colonie et prendre la mer. C'est ce qu'il fit notamment en juillet 1757. Ces absences de marin expliquent la fréquence des intérim que l'on trouve à cette époque dans la liste chronologique des gouverneurs. Elles expliquent aussi le peu de traces que Bouvet a laissé de son passage ici ; c'est lui cependant qui fut le premier ou du moins un des premiers à se rendre de Saint-Denis à Saint-Paul, en 1759, en passant par la plaine des Cafres. On ne croyait pas alors à la possibilité d'une route par Sainte-Rose à travers les laves. Il faut dire encore que Bouvet était en fonctions pendant la malheureuse guerre de sept ans : les anglais s'étaient montrés dans nos mers depuis 1747 ; les soins de la défense coloniale étaient bien de nature à absorber toutes les préoccupations de l'administrateur. Bouvet ne s'épargna pas, à cet égard : il poussa même les choses un peu loin, car il essaya de former des compagnies de noirs esclaves appartenant aux habitants ; *il comprenait que ce fût une sorte d'annexe à la milice*. Nous n'avons pas, grâce au ciel, à dire ce que vaut la milice ;

mais ce qui est positif c'est qu'on reconnut bien vite que l'annexe ne valait rien du tout, et qu'on n'y donna aucune suite. Au reste, Bouvet qui, pour le dire en passant, garda toujours un bon souvenir de Bourbon, était considéré comme un des meilleurs officiers de marine de la Compagnie des Indes. C'est lui qu'elle avait chargé, en 1738, d'aller avec les frégates l'*Aigle* et la *Marie* à la recherche de la terre découverte ou prétendue découverte en 1505, par Gonneville, dans l'espérance d'y fonder un lieu de relâche pour les navires. On sait que cette exploration n'eut aucun résultat et que Bouvet découvrit seulement le cap de la Circoncision auquel est resté attaché le nom d'île Bouvet (54° de lat. Sud et 47° 1/2 à 48° 1/2 de long. Ouest de Paris.)

Le capitaine Bouvet, qui se fit au commencement de ce siècle une si brillante réputation dans les mers de l'Inde, était d'une famille tout à fait différente de celle du gouverneur.

M. de Lally, lieutenant général des armées de France, nommé depuis décembre 1756 gouverneur de nos possessions dans l'Inde, arriva à Saint-Denis le 26 janvier 1758, sur la frégate la *Diligente*, commandée par Marion Dufresne, le même qui plus tard, en 1761, conduisit à Rodrigue l'astronome Pingré, chargé d'observer le passage de Vénus sur le disque du soleil et le même encore qui périt si malheureusement en 1771 sur les côtes de la Nouvelle-Zélande, où il fut mangé par les sauvages. M. de Lally séjourna fort peu de temps à Saint-Denis et se transporta à Saint-Paul où se trouvait réunie l'escadre du comte d'Aché. Cette escadre à laquelle se rattachent de si tristes souvenirs, était composée de quatre vaisseaux de 74 canons, de deux de 64 et de deux de 50, plus de deux frégates et d'un navire de charge : elle appareilla le 4 février, formée en trois divisions et ayant à son bord, outre M. le comte de Lally, qui commandait les troupes de terre, plusieurs officiers appartenant aux grandes familles de France, tels que : MM. de Montmorency, d'Estaing, de Crillon, Lafare, de Conflans, etc. M. de Lally avait avec lui des gendarmes, troupes tout à fait différentes de la gendarmerie actuelle et dont les mauvaises dispositions furent telles que le général dut les dissoudre à Saint-Paul, deux jours avant de mettre à la voile. Cette circonstance, tout insignifiante qu'elle paraît, ne donnerait-elle pas à comprendre quel esprit animait les militaires de l'expédition et n'expliquerait-elle pas les événements subséquents ?

Les pouvoirs de M. de Lally étaient fort étendus et, comme le portait sa commission, il commandait *partout* ; ce ne fut que par lettre du 6 mars 1760, enregistrée à Bourbon le 26 novembre suivant, qu'on lui fit savoir que hors de Pondichéry et de la côte Coromandel, il ne devait prétendre à aucun commandement. Ses ennemis personnels lui enlevèrent de la sorte pour son action militaire une partie de ses moyens d'agression et de défense.

Un corps de volontaires recrutés dans la Colonie servit dans l'Inde sous M. de Lally et il se trouvait dans Pondichéry au moment de la prise de la ville. Les officiers qui en faisaient partie, revenant à Bourbon après la paix, n'y rapportèrent pas l'opinion que la capitulation eût été indispensable ; mais c'étaient des jeunes gens aigris par les souffrances qui ne leur furent pas épargnées pendant une assez longue captivité et qui tous étaient plus capables de se battre courageusement que de juger de l'état d'une place assiégée depuis plusieurs mois, manquant de vivres, n'ayant que 750 hommes de garnison dont une partie était hors de service et que bloquait sur terre une armée de 22,000 hommes et sur mer une flotte de 14 vaisseaux.

Il est aujourd'hui généralement admis que l'arrêt du parlement de Paris de 1766, rendu contre M. de Lally et l'arrêt conforme rendu après cassation et renvoi au parlement de Dijon le 23 août 1783, ont été de déplorables erreurs judiciaires. Tout au plus pourrait-on soupçonner qu'il y a eu dans toute cette affaire une partie mystérieuse et restée inexplicable malgré la circonstance connue de ce religieux qui, après s'être beaucoup occupé des affaires publiques à Pondichéry, après avoir même essayé de traiter de la capitulation de cette ville avec le général anglais Coote, mourait à Paris laissant dans sa cassette 1,250,000 livres en titres, en or et en diamants et dans son portefeuille deux mémoires, l'un tout à la justification de M. de Lally et l'autre le chargeant des faits qui ont servi de base à sa condamnation. D'autre part, il est certain qu'on n'a pas fait peser suffisamment sur le comte d'Aché les revers que nous avons éprouvés dans l'Inde pendant la guerre de 7 ans. Ce chef d'escadre, à la tête de forces très-suffisantes n'a rien su faire, rien su empêcher, n'a su ni porter du secours à aucun de nos compatriotes ni défendre aucune de nos positions. Son grand talent, qui lui a permis de mourir tranquillement dans son lit et fort vieux, paraît avoir été de savoir rejeter sur autrui ses fautes et ses défaillances. C'est ainsi qu'en octobre 1762 on vit passer à Bourbon le commissaire de son escadre, le sieur Mondion, qui, arrêté à l'île de France, par lettres de petit cachet, était ramené en Europe comme prisonnier d'Etat et peut-être aussi, mais sans nous engager trop loin dans la garantie de sa moralité, comme première offrande justificative à l'incapacité de son chef.

Revenons à Bourbon :

Vers la fin de l'année 1758 (23 7bre) la petite vérole, dont la Colonie avait déjà eu si cruellement à souffrir, se déclara de nouveau : elle fut introduite par un navire venant de l'île de France avec 50 soldats destinés à la garnison. Il faut qu'à cette époque les plus vulgaires précautions sanitaires fussent bien négligées : on ne pouvait, en effet, ignorer que depuis 1754 la variole régnait à l'île de France, d'où elle avait gagné Madagascar, ce qui n'empêchait pas de recevoir purement et simplement un navire de cette dernière provenance qui arriva à St.-Paul pendant ce même mois de septembre avec des malades à bord.

Les deux années 1759 et 1760 furent des années de tourmentes. La première compta deux coups de vent très rapprochés, le 9 janvier et le 5 février. Celui de 1760 est du 18 janvier et a causé de grands revages surtout à l'île de France, qui fut encore, l'année suivante (1761), visitée par un ouragan dont nous n'avons pu trouver aucune mention à Bourbon ; mais qui dut très certainement s'y faire sentir. C'est en effet un cas presque phénoménal qu'un vent soufflant à l'état d'ouragan, à Maurice, ne soit pas parvenu à Bourbon.

Si contraires que fussent les saisons, elles n'empêchaient point les propriétés foncières de se développer et les défrichements de s'étendre. Nous trouvons, en l'année 1760, le premier mesurage qui ait été fait des terres situées sur la rive gauche de la rivière de l'Est. Les désignations locales n'étaient pas alors bien fixées ; ainsi le mesurage dont nous parlons se donne comme embrassant tous les terrains compris entre la rivière de l'Est et la ravine Sèche ; mais en reportant sur la carte les mesures indiquées, on voit qu'il ne s'agit que de la ravine des Orangers ; les erreurs de ce genre ont pu se présenter ailleurs et donner naissance à de sérieux débats judiciaires. Il est bon qu'on le sache.

Quoique nous eussions alors aux îles plusieurs navires armés en guerre, les anglais ne laissaient pas de s'y montrer assez hardiment. En septembre 1761, une de leurs frégates enleva deux navires qui se trouvaient à Rodrigue ; l'île elle-même fut prise, ce qui n'était pas très-difficile ; Rodrigue à peu près inhabitée n'était guère alors qu'un lieu d'approvisionnement. On y allait prendre des tortues ; il était aussi d'usage que la plupart des navires, venant d'Europe, allassent reconnaître cette île avant de porter sur l'île de France, de peur de tomber sous le vent. Les anglais ne paraissent pas avoir fait grand cas de leur conquête et y avoir laissé du monde. Peu de temps après le sieur Leln, commandant le navire le *Vulcain*, arriva à Rodrigue et en reprit très-aisément possession.

Les anglais de Rodrigue étaient selon toute apparence à la recherche du comte d'Estaing. Cet officier, fait prisonnier devant Madras et relâché sur parole, avait armé deux navires au moyen desquels il s'était emparé de Bender Abassy ou Gomroun, à 40 kil. d'Ormuz et y avait fait un butin assez considérable, après quoi il était revenu à l'île de France, d'où il se rendit à Bourbon le 22 septembre 1761. Il y resta quelques jours et s'embarqua à Saint-Paul, sur le *Bouldoigne*, pour opérer son retour en France ; mais rejoint et attaqué par deux navires, l'un de 40 et l'autre de 20 canons, il fut blessé et capturé après deux heures d'un combat acharné, ce qui, certes, était plus honorable que de commander les gardes nationales de Versailles et de laisser faire et de laisser tuer pendant les journées du 5 et du 6 octobre 1789, ou même d'être appelé plus tard comme témoin à charge dans le procès de la Reine qu'il eut, il est vrai, la pudeur de ne pas incriminer.

Le *Bouldoigne* ne fut pas le seul navire que la Compagnie perdit en 1761 au retour des îles. La frégate la *Subtile* était enlevée presque en même temps. On en vint bientôt à craindre que les Anglais, pour affamer l'île de France, n'établissent une croisière au Cap de Bonne-Espérance qui, jusqu'alors, nous avait fourni des grains. Aussi les administrateurs généraux ne ménagèrent-ils pas leurs paroles. Le 14 novembre, ils écrivaient au Conseil supérieur et d'administration pour que la culture des grains fût poussée activement à Bourbon, que l'on ne voulait considérer que comme une terre de ravitaillement.

On conçoit qu'avec de telles idées, les administrateurs se soient montrés fort tièdes à l'endroit de la culture du mûrier et de l'éducation des vers à soie sur lesquelles leurs vues s'étaient précédemment portées. Une dame de Justamond, veuve d'un ancien employé de la Compagnie, avait fait à Saint-Benoît des plantations de mûriers fort étendues ; bien que ses espérances fussent grandes, les ouvriers lui manquaient ; elle en demandait quelques-uns à la Compagnie qui seule pouvait lui en fournir, puisque seule elle faisait la traite des noirs : ordre fut donné de Paris qu'on en vendît quelques-uns à Madame de Justamond, à *courte échéance*. La magnanerie ne réussit pas, mais le fait de son existence suffit pour prouver que lorsqu'en 1834 et années suivantes on fit avec grand renfort d'écrits et de subventions, *sans échéances celles-là*, des tentatives du côté de l'industrie sérigène, on n'avait pas, comme on s'en flattait, le mérite de l'initiative. Le mûrier multicaule qui se retrouve dans toute la partie du Vent a été introduit dans l'île à *l'époque* et probablement par les soins de la Compagnie des Indes et comme nous le voyons ici, antérieurement à 1761. Le mûrier commun qui donne un fruit plus gros, et qui peut à la rigueur se servir sur les tables, date, chez nous, de 1818 ou environ et fût importé directement de France.

L'année 1763 eut son ouragan qui souffla du Nord au Nord-Ouest en pleine rade de St.-Paul ; aussi le seul navire qui s'y trouvait fut-il jeté à la côte. Par compensation, le 9 mai, on recevait la nouvelle de la paix de 1763, la plus triste que nous eussions jamais faite avant celle qu'ont nécessitée, en 1871, la présomption qui commence, la folie furieuse qui persiste, la trahison qui achève. Cette nouvelle était déjà parvenue à l'île de France depuis huit jours par la voie du Cap. Le premier juin on chanta le *Te Deum*, on fit des processions, on alluma des feux de joie, le tout en jubilation de la paix qui nous enlevait le Canada. Bientôt les navires et les troupes qui étaient aux îles opérèrent leur retour en France. Le 27 août le *Condé*, de 50 canons, l'un des navires qui avaient composé l'inutile escadre du comte d'Aché, faisait escale à St.-Paul, ramenant en France une partie du régiment de Cambrésis. Evariste de Parny qui, plus tard, arriva à l'accadémie française, fut embarqué sur ce navire. Il allait faire ses études en Europe, et ne perdit pas son temps. Mis au collége de Rennes, déjà, en 1767, il obtenait le prix de vers français, et était jugé apte à passer sans transition de la troisième en rhétorique, *évènement jusqu'ici sans exemple parmi nous*, ajoute le docteur en Sorbonne qui lui remettait pour prix un traité de la *vérité de la religion chrétienne*, ouvrage qu'il a paraphrasé, comme vous le savez, sans grand honneur ni pour son talent ni pour sa moralité.

Après le *Condé*, le *Vaillant*, autre vaisseau de guerre, partit pour France. Bouvet de Lozier, qui le commandait, quitta le gouvernement de Bourbon, comme nous l'avons dit ci-dessus, le 12 septembre et fut remplacé par intérim le 30 octobre suivant par Bertin, conseiller au Conseil supérieur. Celui-ci était arrivé à l'île de France le mois précédent, porteur d'une épuration du Conseil supérieur. Quatre membres furent purement et simplement cassés, comme on le disait alors, ce qui prouve leur amovibilité en tant que juges, et laisse subsister des soupçons sur leur probité en tant que membres du Conseil d'administration de la Compagnie.

M. Bertin, qui arrivait de France avec des instructions si sévères, avait déjà habité la colonie pendant plusieurs années; presque tous ses enfants y étaient nés, notamment Antoine, le dernier des fils d'un premier mariage (1). Antoine Bertin est un poète d'un sensualisme beaucoup moins accusé que celui de son compatriote Parny, ce qui le fait sans doute moins comprendre et moins apprécier du plus grand nombre; il ne perd rien pour cela de son mérite littéraire. Chez lui la phrase est ample, l'expression propre, le vers harmonieux et toujours frappé juste. Il a imité, dites-vous, les élégiaques latins; le reproche est frivole, comment ne pas se rencontrer quand on traite le même sujet? Au fond, l'amour n'a qu'une note; soyez Tibulle ou Properce, Parny ou Bertin, la pensée première ne

---

(1) Nous devons à l'obligeance de M. Guët, archiviste du ministère de la marine et des colonies, la copie de l'extrait de baptême d'Antoine Bertin, pièce que nous avions longtemps et vainement cherchée ici. Il en ressort qu'*Antoine* est né le 10 octobre 1752, à Ste.-Suzanne, où son père, conseiller au conseil supérieur, exerçait les fonctions de commandant de quartier ; il y fut baptisé le 7 du mois suivant. Madame Bertin, sa mère, était une demoiselle Merville de Saint-Rémy.

change pas. Plus ou moins de variété dans les nuances, de grâce dans les détails, et d'élégance dans le style, le poète n'a rien à prétendre au-delà ; et c'est bien assez.

La Compagnie cependant était à bout de forces ; or, à la veille du jour où elle allait s'effondrer, en 1763, juste au moment où la guerre se terminait, voyons par voie de résumé, ce qu'après plus de cent ans le régime du privilége commercial avait fait de l'île Bourbon.

La population n'excédait pas 25,000 âmes, dont 18,000 esclaves et 7,000 personnes libres, blancs et affranchis compris. La force militaire se composait de 760 hommes de milice, de 250 soldats et de 50 artilleurs européens. St.-Denis et St.-Paul étaient les deux seuls points qui offrissent quelques fortifications. La première de ces villes avait 63 canons de 18, en quatre batteries faisant face à la mer : ainsi plus de canons que de canonniers. A St.-Paul, il y avait quelques batteries dont la plus forte portait 24 canons.

L'administration était civile et composée d'un gouverneur relevant de celui de l'île de France et de sept conseillers. Les autres employés non subalternes de la Compagnie étaient au nombre de 30 ou environ, se divisant en marchands anciens et nouveaux, en facteurs et en écrivains. Ces employés ne participaient pas aux marchés de la Compagnie et ne fournissaient pas de cautionnement, comme cela avait lieu dans la Compagnie des Indes anglaise, et cette particularité suffirait seule à expliquer au moins jusqu'à un certain point la différence des résultats. Les conseillers étaient tout à la fois agents commerciaux et officiers de justice : à ce dernier titre, seulement, ils tenaient leur commission directement du Roi. Le gouverneur recevait 12,000 livres tournois de traitements, plus les frais de table et le logement, indépendamment de son prorota sur le montant des ventes tel que nous l'avons fait connaître ci-devant. Le fonctionnaire qui prenait rang immédiatement après le gouverneur touchait 4,000 livres, les conseillers 2,000 livres, plus la remise sur le prix des marchandises négociées dans les dépôts tenus par eux. Les simples employés n'avaient que 1,400 livres de traitement. Les marchandises d'Europe, dont la vente appartenait par privilège à la Compagnie, étaient placées aux employés et aux habitants à 45 p. o/o au-dessus du prix de revient : le vin seul faisait exception. Les employés en recevaient une certaine quantité au prix coûtant ; mais les habitants le payaient à 100 p. o/o au-dessus de ce prix. La piastre espagnole était la seule monnaie effective courante.

Pendant la guerre, et nous l'avons dit déjà, la Compagnie fit une émission de billets ; son crédit s'en trouva un peu plus mal, tellement même que la valeur de la piastre effective, qui était de 13 livres douze sous, s'éleva à 15 livres, proportion qui paraît s'être améliorée plus tard au retour de la paix, mais qui restait toujours considérable.

La principale production de l'île était le café : la Compagnie s'était obligée à en acheter des habitants 3,000,000 de livres ou 1,500 tonneaux par an. Elle le payait 20 livres tournois les 50 kilog., et le revendait à Lorient 70 à 80 livres. Il est vrai que c'était pendant la guerre. Les captures de navires opérées par l'ennemi élevaient souvent au double le prix d'achat primitif. Du reste, le commerce était à peu près nul ; la Compagnie, fort sévère à maintenir la prohibition de tout trafic avec l'Europe, en permettait un très limité avec l'Inde et Madagascar : les droits d'entrée étaient, dans ce cas, de 15 o/o. Après Saint-Denis et Saint-

Paul, les autres centres de population n'étaient que de chétifs villages.

Quelques gens croient encore, dans l'île, qu'il existe un cycle des ouragans, ce qui ressemble fort à une pure imagination : ce n'est probablement pas dans un sens localisé que M. Poëy a établi la périodicité des cyclones. D'autres personnes, ici, soutiennent que le phénomène ne se reproduit pas trois années de suite. Les ouragans successifs de 1763, de 1764 et 1765 ont prouvé le contraire. Mais on eut bientôt de plus sérieuses préoccupations que les troubles atmosphériques ; tous ces administrateurs, ces conseillers, ces employés, ce monde enfin qui vivait grassement et paresseusement à l'ombre des priviléges de la Compagnie, apprit subitement, le 4 juillet 1764, par un navire anglais, arrivé à Maurice, que la Compagnie avait fait banqueroute : le mot était dur. Tout d'abord, personne ne voulut y croire : et l'on eut quelques temps pour se prouver à soi-même que la chose était impossible. Mais, le 28 9bre, il n'y eut plus de doute : le navire le *Boscawen*, venant de l'île de France, faisait connaître la triste réalité des choses. Le Roi, par arrêt de 1764, avait repris de la Compagnie le port de Lorient et les îles de France et de Bourbon : celles-ci devaient alors à la Compagnie 7,107,000 livres tournois. La rétrocession effective ne se réalisa qu'en 1767 : la Compagnie obtint plus tard, en 1770, outre quittance de tout ce qu'elle devait au Roi, 1,200,000 livres de rentes au principal de 30,000,000 pour prix de ce qu'elle abandonnait et qui comprenait ses réclamations sur ses débiteurs, quels qu'ils fussent, des îles de France et de Bourbon, de l'Inde et de St.-Domingue. Le gouvernement royal se chargeait de la sorte d'une pénible liquidation ; et comme les contestations étaient à prévoir, on eut soin d'attribuer aux ordonnateurs, ou intendants, la décision en premier et dernier ressort des débats relatifs à la liquidation. Le sieur Boutin, à qui fut confié le recouvrement des créances, s'en tira comme il put, et prit ensuite son temps pour justifier sa propre position. On le croyait débiteur, on exerça des poursuites ; mais au mois de mars 1821, un arrêt d'apurement de la Cour des comptes, rendu avec sa succession, le déclara non seulement libéré, mais encore créancier de 11,941 fr. Ainsi, l'arrêt de rétrocession des îles au Roi, étant du 8 avril 1764, ce ne fut que 57 ans après qu'on put considérer la Compagnie des Indes comme parfaitement oubliée.

Les années 1765 et 1766 furent nécessairement des années d'attente, de doute et d'inquiétudes. La Compagnie était morte, on le savait, et elle n'était pas remplacée administrativement ; aussi pendant ce laps de temps à peine trouve-t-on quelques faits particuliers valant la peine d'être notés. Quoique la paix de 1763 fut signée, on fit beaucoup de difficultés pour recevoir à St.-Paul le navire anglais, le *Bute*, qui y relâcha avec des troupes et qui se trouvait encombré de malades. Ceux-ci furent enfin admis dans les hôpitaux : quand aux passagers, il leur fut interdit de sortir des limites de la ville. On craignait l'espionnage, crainte salutaire qu'on n'a pas toujours eue même en France.

Les Espagnols, nos alliés, furent, on le conçoit, traités tout autrement. On fit cordial accueil, on fournit des rafraîchissements au navire le *Bonconseil* qui avait fait escale à St.-Paul ; il portait 500 hommes de troupes à la destination de Manille, ville qui avait été prise et rançonnée, en 1762, par Sir William Draper, auquel Junius, précisément à l'occasion de cette rançon de Manille, a procuré une immortalité dont il aurait pu se passer.

En mars 1766 mourut, à l'île de France, M. Le Juge, conseiller au Conseil supérieur, auquel on s'obstine, sur la foi de paroles mal transmises et mal reproduites, à faire honneur de l'introduction, dans nos îles, d'une infinité d'arbres qu'il a pu y cultiver, mais qui n'ont pas été importés par ses soins.

Thomas dans son essai sur l'île Bourbon, ouvrage qui a obtenu, en 1827, le prix de statistique à l'Académie des Sciences, s'est notamment montré fort prodigue de ces couronnes d'acclimatation si courues aujourd'hui où l'on ne considère ni l'inutilité ni la nocuité de ce qu'on acclimate, pourvu qu'on puisse dire triomphalement : *j'ai acclimaté.*

Il était inutile de grossir les mérites de M. Le Juge: son mérite réel reste encore très suffisant : c'en est un incontestable à nos yeux de s'être occupé chez nous de l'agriculture coloniale à une époque où personne ne le faisait rationnellement et dans un but d'utilité publique. Ajoutons que c'est bien à lui que nous devons un de nos meilleurs fruits, l'avocat (Laurus persea). Il en avait reçu quelques noyaux, en 1750, de M. Lesquelin, capitaine des navires de la Compagnie, lequel les avait pris dans une relâche au Brésil. L'arbre poussa avec une grande vigueur et donna ses premières fleurs en 1755. A l'égard du mangoustan dont on fait aussi honneur à M. Le Juge, il n'a rien à y prétendre. On ne sait à quelle époque précise cet arbre a été introduit chez nous. Il croît si lentement, il fructifie si tard, qu'à le voir si peu répandu dans la colonie, on est tout porté à admettre qu'il s'y trouve depuis peu. Aussi prétend-on que M. de Surville, capitaine de vaisseau et propriétaire d'une habitation dans la partie haute de Ste.-Marie, aurait rapporté de ses voyages dans l'archipel Indien, deux mangoustans qu'il aurait plantés chez lui où ils ne firent que languir et végéter péniblement jusqu'à ce que transportés, l'un chez M. Hubert, à St.-Benoit, et l'autre chez M. Desilles, à Ste.-Suzanne, et placés dans un sol approprié, ils se développèrent et devinrent les souches de tous nos arbres actuels. Cette version nous rejetterait encore au-delà de 1769, puisque c'est en cette année que Surville partit pour ses recherches dans la mer du Sud où il périt. Elle n'en est pas moins tout-à-fait inexacte. Le mangoustan existait et qui plus est, fructifiait à Bourbon dès 1754. Nous possédons, sous la date du 4 août de cette année, une lettre de M. Le Juge lui-même, dans laquelle il remercie M. Lagourgue, propriétaire à Bourbon, de lui avoir envoyé un plan de mangoustan : nous avions d'abord pensé que M. Le Juge, qui n'était pas tenu professionnellement de se bien connaître en botanique, avait été trompé par le son initial et par l'orthographe et qu'il avait confondu les mangues et les mangoustans, ainsi que nous avons entendu quelques vieux créoles le faire. Il n'en était pourtant rien : le conseiller savait très bien ce qu'il disait, et dans un postcriptum de cette même lettre de 1754, comme dans une autre de 1755, il a grand soin de distinguer les deux fruits. C'est donc bien de Bourbon que l'arbre a passé à Maurice. Legentil, en 1770, en a vu un chez madame Le Juge qui y végétait, dit-il, depuis 15 ans, ce qui nous reporte précisément à la date des envois faits par M. Lagourgue.

On ne connaît pas l'époque précise de l'introduction du cacaoyer aux îles Mascareignes. Un biographe assure que nous devons cet arbre à Sonnerat, ce qui paraît très-vraisemblable. Il est certain, d'une part, que la Compagnie des Indes n'avait jamais porté son attention de ce côté et d'autre part que le cacaoyer était en pleine fructification à Bourbon vers l'année 1800 ou un peu avant. Sonnerat avait voyagé dans les mers de l'Inde postérieurement à 1768, époque de son arrivée à l'île de France. Il lui était donc très-facile de se procurer des cacaoyers aux Philippines où les Espagnols les avaient introduits par la voie d'Acapulco peu après leur occupation de ces îles en 1564. Gemelli Careri, en 1696, constate qu'alors les cacaoyères y étaient étendues et leur production considérable. Nous préférons de beaucoup adopter comme lieu d'extraction, pour ce qui nous concerne, les Philippines plutôt que les Antilles avec lesquelles nos relations ont toujours été nulles.

Le cacao ne resta pas longtemps en faveur à Bourbon. En 1827, les statistiques officielles n'en font plus mention ; à peine alors la consommation locale, d'ailleurs fort restreinte, était-elle satisfaite. Depuis quelques années M. Adrien Bellier a, de nouveau, par la parole et par l'exemple, attiré l'attention sur cette branche intéressante de l'agriculture coloniale : ce sera un vrai service qu'il aura rendu au pays.

Un des derniers actes de l'administration de la compagnie des Indes fut une nouvelle fixation de la valeur de la piastre qui était, comme nous l'avons dit, la monnaie effective courante dans la colonie. Elle fut tarifiée à 5 livres 7 sous 7 deniers, soit 5.37 centimes ce qui était fort approchant de la réalité. Il reste seulement à savoir quelle était, en ce moment, sa valeur relativement au papier de la Compagnie. A quelques années de là (15 mars 1774), nous trouvons une décision portant que 768 livres 16 sous, monnaie de la Compagnie, valaient 1,131 livres 17 sous tournois ; ce rapport inverse est assez difficile à expliquer, car il est certain que le papier de la Compagnie était en déficit, et si nous comprenons bien les chiffres ci-dessus, ce déficit était de 68 0/0.

§ 3. — DE LA RÉTROCESSION DES ÎLES JUSQU'A LA RÉVOLUTION : 1767 à 1788.

Le 19 juillet 1767 on apprit à Bourbon l'arrivée, à l'île de France, de la flûte du Roi la *Garonne*, portant M. Dumas, gouverneur pour le Roi des îles de France et de Bourbon, et celle du *Dauphin*, navire de la Compagnie sur lequel se trouvait M. Poivre, intendant pour le Roi, des deux îles, et M. de Crémont, sub-délégué de l'intendant et président du Conseil supérieur de Bourbon. M. Dumas ne resta que peu de temps à l'île de France : il se querella tout d'abord assez maladroitement avec ses administrés, de sorte qu'on fut obligé de le rappeler au bout d'une année.

Poivre, au contraire, sut parfaitement se faire accueillir ; son existence, jusque-là, avait été assez accidentée. Entré d'abord au service de la Compagnie, il se rendit en Chine, où une lettre écrite en Chinois et qu'il remit naïvement aux mandarins comme lettre de recommandation, tandis que c'était une dénonciation, pensa lui coûter cher. Il perdit ensuite le bras dans un combat naval et dut renoncer à l'état ecclésiastique en même temps qu'à la peinture dont il faisait ses délices. Il voyagea en Cochinchine et finalement fut choisi par le duc de Choiseul comme intendant des îles de France et de Bourbon, où il a laissé la réputation que lui garantissaient ses solides connaissances et sa haute probité. Il entretenait une correspondance suivie avec le sub-délégué de Bourbon. Ses lettres, toutes écrites par lui-même et de la main gauche, existent en assez grand nombre aux archives coloniales. Ce sont des modèles de sens et de précision et quiconque les a vues ne peut-être qu'étonné du ton un peu emphatique et déclamatoire qu'il a adopté dans les mémoires publiés sous son nom. Il est vrai que c'était le genre à la mode, genre philosophique que nous trouvons fort niais quand nous songeons à ce qui s'en est suivi.

Le 1er novembre 1767, M. de Bellecombe arriva à Saint-Denis et reprit, comme gouverneur, possession de l'île au nom du Roi. Peu s'en est fallu que son administration n'ait été de courte durée : dès le 22 du même mois, il voulut se rendre à St.-Paul en passant par la plaine des Cafres, mais surpris en route par un ouragan, le plus hâtif que l'on connaisse, il eut personnellement beaucoup à souffrir et perdit deux hommes de sa suite, morts de froid. M. de Bellecombe était un gentilhomme de belles manières et de hautes façons ; du reste, intrépide militaire. Il passa plus tard au gouvernement de Pondichéry. Il était en cette ville en 1778, avec le trop fameux Barras, lorsque les Anglais, forts de 20,000 hommes, vinrent l'attaquer sans déclaration de guerre. La défense fut brillante et fit le plus grand honneur à M. de Bellecombe qui, bien que pris à l'improviste, ne rendit la ville qu'après 70 jours de tranchée ouverte.

Le Roi, en reprenant les îles de France et de Bourbon, en avait réglé le gouvernement civil par son ordonnance du 27 septembre 1766, que M. de Bellecombe fit enregistrer à St.-Denis le 13 novembre 1767. La subordination de Bourbon à l'île de France, sans y être formellement exprimée, résulte néanmoins de l'ensemble des dispositions. Du reste, chaque colonie eut un gouverneur et un intendant. Les pouvoirs du gouverneur étaient fort étendus, mais l'intendant avait des attributions exclusives sur tout ce qui concernait l'administration et la distribution des fonds : il ordonnait seul les levées de deniers pour les dépenses annuelles des quartiers et des paroisses ; en outre, il était président du Conseil supérieur, quoique celui-ci eût perdu tout caractère administratif. A Bourbon, le gouverneur eut le titre de commandant particulier et l'intendant celui de commissaire-ordonnateur ou de sub-délégué. Comme moyen de transition entre le gouvernement du Roi et celui de la Compagnie, on ménagea une ordonnance à la date du 20 septembre 1766 qui maintenait à la Compagnie, ou à ce qui restait de la Compagnie, le droit exclusif de fournir aux îles les marchandises d'Europe ; seulement on se précautionna et on ne voulut pas livrer les colons à la cupidité du privilége ; les marchandises diverses furent classées selon leur nature et la Compagnie ne put dépasser, dans ses ventes, *un tant pour cent* au-dessus du prix de facture : c'était, selon les classes, *cent pour cent*, 80 p. o/o, 50 et 30 pour cent. Certes, il y avait là bien de quoi satisfaire sinon les colons du moins la Compagnie. Celle-ci, en revanche, fut astreinte à payer les denrées des habitants, non plus en papier, comme précédemment, mais en argent de France ou en piastres d'Espagne, à cinq livres six sous l'une. Tout ceci ne concernait que le commerce avec l'Europe. Quant au commerce d'Inde en Inde qui comprenait les relations directes des îles avec les comptoirs, la liberté fut accordée pleine et entière par l'ordonnance du 29 novembre 1766. Toutefois et malgré les avantages qui lui avaient été maintenus, la Compagnie, faute de fonds, ne put rien fournir, ni aux îles ni aux comptoirs, comme elle s'y était obligée : les nationaux, domiciliés dans ces régions, s'effrayaient déjà, car les objets de première nécessité allaient leur manquer. La Compagnie essayait bien de contracter un emprunt, mais la chose tirait en longueur et était d'une réussite rien moins que certaine. Cependant il y avait urgence. Aussi le gouvernement prit-il, de guerre-lasse, le parti auquel il aurait dû s'arrêter depuis longtemps, de retirer finalement et absolument à la Compagnie tous ses priviléges, et de rendre aux sujets du Roi, sans exception, la liberté entière du commerce : ce qui fut fait par les arrêts du Conseil du 13 août et 6 septembre 1769.

La Compagnie avait créé un papier-monnaie sous le nom de billets de caisse, auxquels étaient venus s'adjoindre des récépissés, des ordonnances et autres titres. Le tout cessa d'avoir cours parmi les habitants à dater du 13 novembre 1767, quoique devant encore, en toute justice, être reçus au pair dans les magasins de la Compagnie, qui, ainsi que nous venons de le dire, avait, à cette date, conservé un privilége d'importation. En outre, comme moyen direct de libération, on laissa aux détenteurs des valeurs le choix d'être payés en marchandises que la Compagnie expédierait aux îles et qu'elle n'a jamais expédiées, ou en lettres de change sur son caissier à Paris, lesquelles acceptées à 6 mois de vue n'étaient payées ou payables qu'en rentes ou promesses de rentes constituées à 4 0/0. En même temps, et vu l'absence ou l'insuffisance du numéraire effectif, le gouvernement fit frapper spécialement pour les îles une certaine quantité de pièces de six liards (7 1/2 centimes) et créa 250,000 livres de *monnaie de carte*, au timbre particulier de Bourbon, *afin de remplacer, dans le mouvement des affaires, les billets de la Compagnie au-dessous de 25 francs* et cette *monnaie de carte*, remarquons-le, portait l'énonciation, *valeur en numéraire des îles de France et de Bourbon.* Déjà, en effet, la distinction existait entre l'argent faible ou des îles, et l'argent fort ou de France, les édits, et notamment celui du 20 septembre 1769, ont soin de spécifier que l'argent fort valait le double de l'argent colonial.

Les diverses dispositions financières qui précèdent, toutes aujourd'hui d'un bien médiocre intérêt, résultent de l'édit de décembre 1766 et des lettres-patentes du 15 janvier 1767, actes qui furent enregistrés à Bourbon le 13 novembre 1767. Ils n'améliorèrent pas beaucoup les choses. La monnaie de carte de 1767 ne tarda pas à devenir ou insuffisante ou incommode. Le gouvernement métropolitain jugea bon de le supprimer et de le remplacer par un autre au chiffre total, bientôt dépassé de 2 millions pour les deux îles, avec faculté de remboursement en traites sur France : c'était une innovation et une facilité ; néanmoins, ce papier perdit bientôt de sa valeur et l'agiotage s'en mêla. Les capitalistes achetaient du papier au cours de la dépréciation et l'échangeant contre des mandats du trésor, ils en touchaient le montant intégral à Paris. Pour remédier à cet abus, on prescrivit le brûlement de tout le papier-monnaie existant dans les caisses du Roi le 31 décembre 1781, et la conversion de celui qui restait aux mains des particuliers en récépissés payables à Paris, fin des années 1782, 83, 84 et 1785 à compter de laquelle dernière époque, tout le papier non converti demeurerait sans valeur. Cette menace était de bonne prévoyance, car le paiement des premiers récépissés ayant éprouvé quelques retards, on prit l'alarme et on montra peu d'empressement à convertir, si bien que du 1er janvier 1782 au 25 mai 1784, le chiffre des échanges du papier-monnaie contre des mandats ne dépassa point, à Bourbon, la somme de 223,872 livres, bien qu'à l'île de France il eût été de 3 millions. En

1789 tout le papier avait été retiré, mais il en était résulté, disaient les administrateurs, *un tel embarras dans les affaires, que les habitants en réclamaient le rétablissement.* Ces habitants ne tardèrent pas à être pleinement satisfaits et le papier de la République, appelé chez nous *billets Malartic*, qui arriva trois ans après, leur fit envisager les choses sous un jour absolument nouveau.

Pour conclure : Après, la Compagnie qui avait mis en circulation une masse de papiers dont les porteurs ont été victimes, le gouvernement royal a marché de 1767 à 1789 à l'aide également du crédit ; mais son papier, malgré quelques défaillances, a été intégralement retiré et remboursé.

La Colonie n'en est pas moins restée dans un état permanent de souffrance financière par l'existence seule du papier, surtout par l'instabilité de la valeur de la piastre effective. Quant à celle-ci, il serait fastidieux de rappeler tout au long ses vicissitudes chez nous. Finissons-en avec elle au moyen de quelques indications sommaires et anticipons un peu sur les dates. Notons bien, en même temps, qu'il ne s'agit jamais de la piastre simple (*peso sencillo*) ne valant que 15 réaux, mais toujours de la piastre forte (*peso fuerte*) de 20 réaux vulgairement appelée piastre gourde.

En 1729, le Conseil d'Etat s'en était occupé, nous l'avons déjà dit.

En Juillet 1769, elle fut tarifée à cinq livres cinq sous sept deniers. Deux ans après (septembre 1771) un édit promulgué seulement en décembre 1772, soit en totalité soit en partie, lui attribua le caractère de monnaie légale au cours exorbitant de six livres ; en 1781, on la ramena à cinq livres huit sous, soit 5 fr. 40, alors que sa valeur réelle était, pour tout ce qui avait été frappé depuis l'année 1772, de 5 fr. 43. Bientôt (1ᵉʳ septembre 1783) elle ne dut plus être considérée que comme simple marchandise, admise de gré à gré dans les paiements au cours de la place ; un arrêt du Conseil supérieur, du 8 août 1786, expliqua les choses en ce sens que la piastre avait monétairement cours forcé, bien que sa valeur fût variable. C'est, évidemment, cette instabilité de valeur qui amena l'usage de la piastre de compte à dix livres coloniales, soit 5 fr. l'une, dont l'arrêt que nous venons de citer fait mention le premier et qui, se divisant en *cents* comme le dollar américain, n'a cédé qu'avec peine devant la loi métropolitaine sur le système métrique.

L'étape finale de la piastre effective d'Espagne fut au 17 avril 1819 ; une ordonnance locale de ce jour lui donna la valeur qu'elle a toujours conservée depuis, de 5 fr. 50, valeur de trop peu supérieure à la réalité pour former un obstacle à la réexportation.

La piastre n'était pas absolument la seule monnaie effective que nous eussions, nous recevions quelques pièces de l'Inde. Pondichéry avait alors un hôtel des monnaies. Le sieur Monneron, l'un des trois frères qui ont fait parler d'eux pendant la Révolution, au moyen des pièces de cuivre qu'ils firent frapper et qui prirent le nom de *monneron*, s'était préoccupé de procurer des espèces courantes aux colonies ; en 1785, il s'entendit avec M. de Souillac, alors gouverneur de Pondichéry, et celui-ci expédia aux îles 180,000 francs en fanons qui furent mis en circulation sur le pied de seize à la piastre, quoiqu'il en fallût 17 pour représenter la piastre effective. Il s'agissait probablement de la piastre de compte. Cette opération ne fut point renouvelée; le ministère ne blâma pas M. de Souillac, mais il voulut prendre de nouveaux renseignements, et promit, l'année suivante, des envois de numéraire : ceux-ci, on le croira sans peine, n'eurent jamais lieu ; 1786 était déjà trop près de 1789.

Le 13 novembre 1767, M. de Bellecombe rendit exécutoire l'ordonnance du Roi du 15 septembre 1766 sur les paroisses et hôpitaux de l'île Bourbon. Cet acte a son importance et fait bien voir qu'alors on était tout aussi regardant qu'aujourd'hui à l'égard du clergé. Il place tout d'abord ce qui concerne la religion et ses ministres dans la compétence du gouverneur et de l'intendant ; il est vrai qu'il n'existait aux colonies que des préfets apostoliques : il prohibe surtout la publication de tout bref de la Cour de Rome sans l'autorisation du Roi, à l'exception des brefs de simple pénitencerie, c'est-à-dire du tribunal ou conseil de la Cour de Rome dans lequel s'examinent les grâces et dispenses secrètes qui regardent la conscience.

Le même acte ordonna l'établissement des fabriques dans les diverses paroisses de l'île, en détermina les attributions, et surtout prescrivit la tenue, dans chaque paroisse, des registres pour les mariages, les naissances et les sépultures. Ces registres existaient déjà, mais ce que voulut l'ordonnance, c'est qu'ils fussent rédigés en triple originaux dont l'un demeurait dans la paroisse, l'autre était déposé au greffe du Tribunal, et le troisième envoyé au ministère de la marine, absolument comme les choses se pratiquent aujourd'hui pour les registres de l'Etat civil, sauf que les registres curiaux renfermaient cumulativement les actes de toute nature.

Les nouveaux administrateurs de la colonie eurent fort à faire à leur entrée en fonction. Il est vrai que dégagés de cette pensée de lucre, qui dominait la Compagnie des

Indes, ils avaient la pleine liberté de leurs mouvements pour l'application des principes du gouvernement royal, principes qui se posaient haut. Les prétentions des médiocrités, les cupidités des besogneux n'arrivaient pas jusqu'à la chose publique, et ne se substituaient pas à l'intérêt général ; aussi ce gouvernement, à toute époque, paraît-il avoir été celui qui a donné aux colonies le plus de prospérité.

Un des premiers soins de MM. de Bellecombe et de Crémont fut de réorganiser la caisse communale créée d'abord et principalement en vue de la répression des esclaves fugitifs, alors fort nombreux et fort dangereux ; les choses s'étaient, à la vérité, depuis quelque temps, un peu modifiées ; mais, en revanche, le cercle des obligations et des dépenses s'était beaucoup élargi. Une ordonnance du 18 juillet 1768 statua sur le personnel aussi bien que sur la partie financière des communes. Les cinq quartiers existants, nous ne disons pas les paroisses, élisaient chacun deux députés à la pluralité des voix des habitants ; les conditions de l'électorat ne sont pas connues, mais nous soupçonnons que le vote universel n'était pas admis. Ces dix députés avaient des fonctions générales et des fonctions locales. Au premier titre, ils s'assemblaient à Saint-Denis, trois fois par an, pour traiter avec l'intendant ou commissaire-ordonnateur de tout ce qui concernait l'ensemble de la colonie, à peu près comme si aujourd'hui les maires et leurs adjoints composaient seuls le Conseil général. Les fonctions locales consistaient à dresser, paroisse par paroisse, les recensements de la population, à encaisser les fonds communaux et à les transmettre au receveur général à Saint-Denis, enfin à exécuter les ordres et les instructions des intendants.

Les dépenses communales obligatoires étaient nombreuses et embrassaient, en dehors du service des détachements, toujours indispensables, l'entretien des églises et des presbytères et le maintien d'une école primaire dans chaque quartier. Ste.-Suzanne, St.-Denis, St.-Paul, St.-Benoit, St.-Pierre étaient quartiers et en même temps paroisses ; St.-André, Ste.-Marie et St.-Louis étaient simples paroisses ; il n'était pas encore question de St.-Leu, de Ste.-Rose, ni de St.-Joseph et encore moins de St.-Philippe.

En 1787 il y avait eu changement. On ne parle pas encore des nouvelles communes, mais il y avait un garde-magasin et un bureau de poste à St.-Leu, un commis aux recettes et même un notaire au quai de la Rose et enfin encore un notaire à Manapany. Les quartiers étaient pourvus chacun d'un commandant. Toutes les paroisses, naturellement, avaient leur fabrique déjà organisée conformément à ce qui avait été prescrit par l'ordonnance royale du 15 septembre 1766. M. de Crémont, l'ordonnateur, ne perdit pas de temps. Dès le 29 août 1770, il convoqua à St.-Denis les députés des quartiers dont l'élection avait été constatée par actes notariés. Cette première réunion fut employée surtout à prendre des arrangements pour donner la dernière main à l'établissement de la commune générale et pour s'assurer d'un bon fonctionnement ; un impôt de capitation de trois francs par tête d'esclave fut voté et, dès le mois suivant, le gouvernement en ordonnait la perception. La commune générale était à peu près ce que nous nommons aujourd'hui l'administration coloniale, par opposition à l'administration supérieure ou gouvernementale et aux administrations communales. C'est par suite de la même idée que nous avons eu longtemps après un budget local et un budget général, celui-ci comprenant les dépenses à la charge de la métropole. La force des choses commande incessamment ; les temps n'y font rien, c'est toujours sauf le nom de l'État, le département, la commune.

En septembre 1769, ainsi que nous l'avons déjà dit, on enlevait finalement à la Compagnie son privilége, et on ouvrait à tous les citoyens le commerce libre avec la métropole. En revanche, on frappa les denrées des îles de droits de douane à leur entrée en France. Ces droits furent fixés à 3 0/0 de la valeur probablement. Les marchandises de l'Inde et de Chine payaient 5 0/0. Tout cela n'était pas exorbitant : nous en sommes aux regrets et Dieu sait s'ils sont motivés. Le premier droit de sortie sur le café est de 1771 : il fut fixé d'abord à un sou par livre, mais doublé fort peu de temps après, sous ce prétexte que le prix de la denrée avait beaucoup augmenté. Le Conseil supérieur de l'île de France fit des remontrances à cet égard ; elles ne furent pas écoutées.

A la même date de 1769, le maïs, qui était la base de l'alimentation locale, valait, à Bourbon, 5 fr. les 50 kilog. et le riz en paille 9 fr., ce qui était fort cher ; il est vrai que le riz était pour ainsi dire une nourriture de luxe. Il est étonnant que Poivre qui, dans ses voyages, avait porté une attention très-particulière au *riz sec* de Cochinchine et qui en avait publié tous les avantages, ne se soit pas efforcé, pendant son administration, d'en faire admettre et d'en soutenir la culture aux îles. C'était à la production du blé que le gouvernement poussait la population. Toutes les communes n'en produisaient pas et Ste.-Suzanne était de ce nombre. Poivre défendait, pour ce motif (février 1770), qu'on y construisît des magasins. Ceux qu'on voit à St.-Benoit, à St.-Leu et à St.-Pierre et qui tous ont été détournés de leur destination primitive, sont dus au gouvernement royal qui y recevait en dépôt les grains avant qu'ils fussent transportés à l'île de France. Ces grains étaient payés aux producteurs au chef-lieu, c'est-à-dire à Saint-Denis, ce qui était un embarras et une difficulté. Poivre y avisa ; il voulut qu'il y eût dans les communes des fonds déposés chez les notaires ou officiers publics au moyen desquels les paiements pussent se faire sans déplacement des vendeurs. Plus de dix ans après (1781), le paiement des céréales de toute nature, déposées dans les magasins du Roi et achetées par lui à un prix déterminé mais non forcé, se faisait moitié en espèces et moitié en traites, à 3 et 6 mois de vue.

C'est le 25 juin 1770 qu'eut lieu l'introduction définitive des arbres à épices aux îles de France et de Bourbon. Depuis longtemps l'attention se portait de ce côté ; deux fois déjà on avait échoué. Poivre prit part à toutes les entreprises *soit de pensée soit de personne*. En 1749, il fut envoyé par la Compagnie des Indes à Manille avec mission secrète de se procurer des arbres à épices. Il ne put rapporter, en 1752, que cinq plants de muscadier et des semences en assez grand nombre. Il n'avait rien pu obtenir quant aux girofliers. Les plants apportés périrent : les semences ne réussirent pas, tout fut à recommencer. En 1754, Bouvet de Lozier, alors gouverneur, renvoya Poivre dans l'archipel. Le voyageur était de retour en 1755 et offrait au Conseil supérieur d'administration, des arbres qui furent reconnus des épices fines, mais qui ne réussirent pas plus que les précédents. On accusa Aublet, auteur d'un ouvrage très estimé, intitulé *plantes de la Guyane*, et alors pharmacien et jardinier du gouvernement, à l'île de France, d'avoir fait périr les muscadiers de Poivre. Il est vrai qu'Aublet en parle très dédaigneusement et qu'il leur dénie la qualité de vrais muscadiers.

De toute façon, il demeure certain que les tentatives personnelles de Poivre n'avaient produit aucun résultat utile et sérieux lorsqu'il arriva comme intendant aux îles, en 1767 ; aussi s'empressa-t-il de les renouveler, secondé (l'équité veut qu'on le dise) par M. Desroches, gouverneur général. Le 18 mai 1769, il fit partir la corvette le *Vigilant*, commandée par M. de Trémigon, lieutenant de vaisseau, et le bateau l'*Etoile du Matin*, commandé par M. d'Etchevery, lieutenant de frégate. Prévost, ancien écrivain de la Compagnie, qui parlait bien le malais, fut adjoint à ces officiers. On alla d'abord à Manille d'où on ne remit à la voile que le 15 janvier 1770. Jusqu'au 10 mars, on fit en commun et sans succès la recherche des arbres à épices. Enfin les navires se séparèrent. M. de Trémigon se dirigea sur Timor, M. d'Etchevery, accompagné de Prévost, se rendit à *Céram* où il arriva le 15 mars. Après plusieurs courses et bien des efforts inutiles, il eut la bonne chance de se mettre en communication avec un hollandais, instruit en hydrographie, vivant isolé et surtout ayant de légitimes griefs contre ses compatriotes, ce qui, à notre avis, ne serait pas une excuse pour ses révélations. La patrie, même ingrate, est toujours la patrie. Cet homme fournit à d'Etchevery des renseignements tels, que celui-ci se rendit à l'île de Geby, dans le voisinage de Céram, où, en flattant adroitement les animosités que le roi ou chef de l'île entretenait contre les Hollandais, il en obtint, ainsi que du roi de Patang (autre île voisine), une quantité très satisfaisante de noix et de plants de muscadiers et de baies de girofle, celles-ci provenant exclusivement de Patang;

D'Etchevery, après avoir quitté les Moluques et passant par le détroit de Bantan ou de la Sonde, fut abordé par cinq navires Hollandais, gardes-côtes, qui l'interrogèrent : il répondit en homme d'esprit, et donna complètement le change à ces dangereux curieux. Enfin, il arriva au Port-Louis sain et sauf, lui et ses arbres, le 25 juin 1770.

Les Hollandais eurent le bon esprit de ne pas se plaindre d'un fait qui leur était préjudiciable, mais aussi qui était irrémédiable : on ménagea leur amour-propre, et M. de Sartines, lieutenant-général de la Police, eut soin de veiller à ce qu'on parlât le moins possible, en France, des végétaux nouvellement introduits aux îles (1). Mais ici on prétendit bien ne pas partager la bonne fortune, et dès le 27 juillet, 22 jours seulement après l'arrivée de d'Etchevery, une ordonnance fut rendue pour prohiber, sous des peines très-sévères, l'exportation des graines ou des arbres à épices. C'était assez puéril ; bien plus sagement se rappela-t-on les insuccès précédents et sut-on se prémunir contre les manœuvres étrangères et secrètes, en attachant une très-forte pénalité à toute tentative de destruction des arbres importés.

En 1778, on écrivait à Paris que les girofliers réussissaient mieux à Bourbon qu'à l'île de France ; il est vrai que dans cette dernière île, Séré, directeur du jardin public, avait assez mal imaginé de les mutiler pour les multiplier de boutures (2). En dépit d'un si rude procédé, il obtint cependant quelques clous de girofle en 1777, et l'année suivante, quelques muscades. Comme primeur, c'était bien, comme conséquence ce fut peu de chose : à Bourbon il en fut autrement et plus sérieusement. Nous

---

(1) Mémoire secrets, juin 1778.
(2) Dito dito dito.

n'avons pas la date précise de la première fructification du giroflier chez nous. Tout au plus faut-il donner comme un simple ouï-dire qu'elle eut lieu chez le sieur Lecomte, chirurgien du gouvernement, et sur son habitation au quartier St.-Denis. Ce qui est beaucoup plus positif, c'est la participation très active et très-efficace de M. Joseph Hubert, propriétaire à St.-Benoit, à la naturalisation du giroflier et à l'extension de sa culture dans cette Colonie. Poivre, quoique on ait dit le contraire, envoya à Bourbon, dès l'origine, quelques-uns des plants qu'il avait reçus des Moluques.

Trois ou quatre girofliers furent confiés à M. Joseph Hubert ; il les planta sur son habitation au Bras-Madeleine, à St.-Benoit, mais il n'en put sauver qu'un seul qui fut le générateur de tous ceux qui, plus tard, couvrirent en quelque sorte la partie du Vent. Aujourd'hui que le giroflier est à peu près détrôné chez nous, on lésinerait sur l'éloge ; pour l'époque où se reporte le fait, il n'y a point à hésiter sur l'importance du service que M. Hubert rendit alors au pays. Celui-ci ne s'y trompa point, il paya de reconnaissance et voulut même qu'un peu de pittoresque, une quasi-légende, vint embellir les choses. Le giroflier que M. Hubert avait pu mener à bien était l'objet de toute sa sollicitude. Il avait affecté un noir à la garde de cet arbre précieux qui, déjà, avait atteint près de 4 mètres, et qu'une grille solide défendait de toute atteinte malfaisante. Une nuit, cependant, M. Hubert est tout à coup réveillé par les mugissements de l'ouragan : sauter du lit, courir au verger, fut pour lui l'affaire d'un moment. Il vit alors qu'il aimait son giroflier beaucoup moins que ne le faisait l'esclave constitué gardien. Ce dernier, aux premières raffales du vent, avait saisi l'arbre de ses bras nerveux et l'arcboutait contre la tempête. C'était plus que du zèle, c'était du fanatisme. M. Hubert le comprit bien : touché au cœur, il affranchit l'esclave immédiatement. Longtemps après l'arbre dépérit et mourut ; M. Hubert le suivit encore de son affection ; il fit élever sur la place même où avait vécu son protégé une stèle commémorative qu'il appela ou laissa appeler le tombeau du giroflier.

A l'égard du muscadier il n'y a pas d'incertitude, M. Sicre de Fonbrune, fils du colonel Sicre (Siker) qui commandait nos troupes à la prise de Madras, par Labourdonnais, et propriétaire d'une habitation située au Bras-Mussard, à St.-Benoit, offrit, le 25 février 1785, aux administrateurs de Souville et Mottais, la première muscade récoltée dans l'île. Le gouvernement avait promis deux noirs à l'agriculteur chez lequel le fait aurait lieu : ils furent remis en décembre de l'année suivante aux exécuteurs testamentaires de M. Sicre, alors décédé.

Parmi les autres arbres, que Poivre introduisit aux colonies, on compte ordinairement le Rima franc, ce qui n'est pas parfaitement exact. Nous devons cet arbre, d'une utilité d'ailleurs assez restreinte, à Sonnerat, voyageur et naturaliste très distingué, que M. Poivre, dont il était parent, avait mené avec lui aux îles.

A l'égard du Rima cultivé ou fruit à pain, arbre d'une toute autre importance domestique, bien que les voyageurs, dans l'extrême Orient, et notamment des navigateurs anglais, en 1678, en eussent signalé l'existence aux Mariannes et même aux Moluques, il ne prit cependant faveur chez les européens qu'après que Bougainville et Cook l'eurent fait figurer dans leurs descriptions enthousiastes d'Otaïti ; aussi et tout naturellement M. d'Entrecasteaux, pendant son voyage à la recherche de Lapeyrouse, en fit mettre quelques plants à son bord, et les confia à Labillardière, autre savant botaniste, qu'il avait avec lui. M. d'Entrecasteaux étant mort, comme on sait, quelques jours avant d'arriver à Batavia, des plants de fruit à pain furent débarqués dans cette ville. L'amiral Sercey les y trouva, les recueillit, et les porta à l'île de France en 1797.

En 1771, deux édits des mois d'octobre et de novembre, enregistrés seulement à Bourbon, en décembre de l'année suivante, refondirent complètement l'organisation judiciaire aux îles. Le Conseil supérieur qui connaissait souverainement, en première et seconde instance, de tous les procès civils et criminels, fut supprimé. Il y avait impossibilité de le tenir constamment réuni, attendu que ses membres ne recevaient aucun appointement, et de fait, jusqu'en 1781, il ne fut nullement question d'argent : quatre ans seulement après, nous trouvons un corps judiciaire bien et dûment rétribué.

Les deux degrés furent établis par les édits que nous venons de citer. En première instance, on eut une juridiction royale, composée d'un juge, d'un lieutenant de juge, remplaçant celui-ci, mais ne siégeant jamais avec lui, d'un procureur du roi et d'un greffier. Pour l'appel, ce fut un nouveau Conseil supérieur, composé du gouverneur, de l'intendant, de six conseillers titulaires, d'un procureur général avec un substitut et d'un greffier.

L'Enregistrement des édits et ordonnances, qui valait promulgation, se faisait d'abord au Conseil supérieur de l'île de France ; copie était envoyée par le gouverneur de cette dernière île au Conseil supérieur de Bourbon, lequel était tenu de se conformer aux dits édits, ordonnances, etc., sans pouvoir en délibérer, c'est-à-dire faire des remontrances, à peine de prise à partie.

Plus tard on reconnut que le gouverneur, toujours militaire, n'était pas précisément à sa place dans un corps judiciaire, et l'intendant fut institué président du Conseil. Tout cela était bien sans doute, malheureusement la correspondance du ministre de la marine constatait, dix ans après, en 1781, que la création d'une juridiction royale avait considérablement multiplié le nombre des procès. Il en sera toujours ainsi : la proximité du juge fait le plaideur.

En même temps qu'on remaniait l'organisation judiciaire et qu'on l'assimilait, sur beaucoup de points, à celle de la Métropole, on pensa à sauvegarder les actes publics d'outre-mer et à les mettre à l'abri des éventualités coloniales. L'édit de juin 1776, enregistré à Bourbon le 8 avril suivant, créa le dépôt des chartes de Versailles où étaient adressés, au moyen d'un double original, obligatoirement rédigé par les officiers publics, tous les actes passés aux colonies. Cet édit, dont la prévoyante sagesse se révéla lorsqu'il s'est agi de régler l'indemnité de Saint-Domingue, cessa, ou à peu près, d'être exécuté pendant la révolution et tout naturellement ne le fut plus du tout pendant l'occupation anglaise. Une ordonnance locale, rendue probablement en vertu d'instructions ministérielles le 20 juillet 1819, lui donna en quelque sorte une nouvelle vie et en étendit même les termes ; ainsi les registres hypothécaires dont il ne pouvait être question en 1776, furent astreints à l'obligation du double original. Suspendue un moment, pour ce qui concernait la copie des actes anciens, l'ordonnance fut remise en pleine vigueur le 3 avril 1821.

En 1776, M. de Steinauër, qui avait remplacé M. de Bellecombe, comme gouverneur, le fut lui-même par M. de

Souville, toujours avec M. de Crémont pour intendant. Ces deux administrateurs opérèrent, à partir du 1ᵉʳ janvier 1777, une division territoriale du quartier St.-Paul, et fondèrent la commune de St.-Leu dans les limites qu'elle a aujourd'hui. Il ne s'agissait pas d'un quartier, mais d'une simple paroisse. La localité avait pris une certaine importance et s'accrut si bien, qu'en 1794 ou environ, St.-Pierre, par son conseil municipal, acceptait sans difficulté l'affirmation de son infériorité matérielle et financière relativement à St.-Leu (1).

Nous faisions alors la guerre aux Anglais, et nous la faisions bien : Suffren était dans l'Inde. Nos créoles payaient de leurs personnes. En 1781, M. Lagourgue organisa un corps de 149 volontaires dont la solde, officiers compris, ne s'élevait qu'à 51,834 livres. Ils furent mis sous les ordres immédiats de M. Monvert et firent dans l'armée de l'Inde, commandée par M. Duchemin, maréchal-de-camp, les campagnes de 1782 et 1783. Plusieurs même prirent part aux opérations de Suffren lorsqu'après un combat opiniâtre et à succès indécis, il atteignit son but de faire lever le siége de Goudelour en allant, par une manœuvre savante, mouiller à la place que les Anglais occupaient devant la ville.

C'était fort bien sans doute de recruter des volontaires à

---

(1) Le 17 janvier de la même année 1776 est né, en la ville de St.-Denis, François Gédéon Bailly, comte de Monthion, général de division. Sa carrière militaire, depuis 1793 jusqu'en 1815, a été des plus brillantes : il s'est trouvé aux batailles de Marengo, d'Austerlitz, d'Eckmühl, d'Essling, de Wagram, de la Moskowa, de Lutzen etc. ; sa fille a épousé le général comte Pajol, qui, en dehors d'une vie militaire bien remplie, s'est fait connaître par des ouvrages historiques et par des œuvres de sculpture fort remarqués. A la suite d'un voyage entrepris par ordre du gouvernement, il a publié un magnifique atlas renfermant tous les types de l'armée russe.

Bourbon, mais ce qui n'était pas si bien, c'était de toujours sacrifier cette dernière île à sa voisine ; ainsi, en septembre 1781, M. de Souillac se faisait, sans autre façon, envoyer 200 des meilleurs noirs qui se trouvaient dans les ateliers du Roi, à Bourbon, et cela, lorsque cette dernière colonie n'avait pas une route tolérable. Le procédé valut avertissement, et MM. de Souville et Mottais de Narbonne, bons administrateurs l'un et l'autre, engagèrent les habitants à se créer des ateliers communaux qui ne pussent leur être enlevés ; après quelques hésitations, ils en vinrent à à leurs fins en décembre 1784. Ces ateliers communaux furent créés et affectés à tous les travaux de la grande voirie ; à l'égard des chemins, qu'aux termes d'un jugement du tribunal terrier du ..... décembre 1783, les propriétaires devaient à *leurs bornes ou de traverse sur leurs terres*, ils étaient pour leur entretien à la charge propre de l'habitant. Les noirs des communes devaient encore aider à l'embarquement des grains destinés à l'île de France, opération qui se trouvait constamment entravée par le défaut de bras dans les quartiers autres que Saint-Denis. Le dessein des administrateurs était d'arriver à la suppression des journées de corvées, une des charges les plus déplaisantes de la propriété foncière, et qui, néanmoins, continuaient à être demandées bien longtemps encore après. Elles étaient, dans l'origine, calculées sur le pied de quatre journées par esclave. Plus tard, et seulement entre 1820 et 1830, on les réduisit à 2, mais toujours sur le total des noirs recensés, tandis que pour la perception de l'impôt de capitation on avait cessé de faire entrer en ligne de compte tous les esclaves non compris entre 14 et 60 ans.

Avant 1784, le seul quartier de la rivière d'Abord avait un atelier de 64 hommes qu'il s'était procuré au moyen d'une taxe spéciale. Partout ailleurs les choses étaient à créer. Les quartiers du Vent, Saint-Denis, Ste.-Suzanne, et St.-Benoit, se formèrent chacun un atelier de 60 hommes, au moyen d'un legs de 60,000 fr. que leur avait fait M. Rondic, ancien conseiller du Conseil supérieur, avec affectation positive, et encore au moyen d'une taxe spéciale de 30 sous par tête de noir, votée par les députés de ces quartiers réunis à Saint-Denis.

A St.-Paul, il fallut tout demander à l'impôt; en outre, l'atelier devant desservir St.-Paul et le repos de Laleu (St.-Leu), ne pouvait être moindre de 80 hommes. Les documents officiels mentionnent que les habitants de ce quartier, qui étaient les plus *nombreux* et *les plus aisés de l'île*, furent assemblés et consentirent pour trois ans et par tête d'esclave, à une taxe de 30 sous, dont le gouvernement consentit à faire l'avance. Ces assemblées d'habitants étaient de règle dès qu'il s'agissait d'un intérêt communal. L'ordonnateur autorisait, le commandant de quartier présidait, et un notaire dressait le procès-verbal que les assistants signaient. Les dépôts publics contiennent plusieurs actes de cette nature, un entre autre reçu par Larabit, le 6 avril 1777, est relatif à la construction d'une nouvelle église à St.-Paul.

En 1848, lors de l'émancipation des esclaves, quelques communes seulement avaient encore des ateliers, et touchèrent l'indemnité qui les représentait. Les autres avaient jugé bien de se défaire des leurs parce que les frais considérables qu'ils occasionnaient excédaient la valeur du travail utile qu'on en obtenait. En effet, plusieurs années déjà avant la cessation de l'esclavage, les registres tenus sur de grandes propriétés foncières constataient que les non valeurs dans les ateliers ordinaires, par suite de l'enfance, de la vieillesse, des infirmités précoces, des maladies, etc., s'élevaient à 33 pour cent des journées totales, proportion qui atteignait 40 pour cent dans ce qu'on appelait les vieux ateliers, c'est-à-dire ceux qui étaient depuis longtemps dans les mêmes familles de maîtres.

En même temps qu'ils organisaient les ateliers communaux, les administrateurs établissaient la première poste aux lettres. (décembre 1784.) Les malles portées par des noirs, appartenant au Roi, partaient deux fois par semaine de St.-Denis pour St.-Pierre et St.-Benoît et revenaient deux fois par semaine également. Le port de la lettre simple était de 30 centimes. Cette branche du service n'a marché longtemps que péniblement. Les recettes étaient insignifiantes, les habitants préférant de beaucoup, pour la sûreté et la célérité, échanger leur correspondance au moyen de courriers particuliers.

Si l'on veut bien apprécier les développements que la Colonie a pris depuis un siècle environ, il est bon de consulter le tableau statistique dressé en 1786 par M. de Chanvallon, alors ordonnateur, et l'état, pour 1785, des appointements des officiers, des magistrats, du clergé et des employés de l'administration, du génie et du port. L'état-major se composait d'une seule et unique personne, M. Dioré, commandant par intérim, qui touchait 4,000 livres par an, probablement en sus du traitement de son grade dans l'armée.

L'ordonnateur, titulaire, recevait 12,000 livres, plus 3,000 livres pour frais de bureau ; le contrôleur en recevait 5,000 et ce qu'on appelait l'écrivain principal, 3,000 livres. Il y avait en tout sept gardes-magasins dont les appointements inégaux formaient un total de 14,000 livres.

Le personnel de l'intendance n'était pas considérable :

un secrétaire unique, homme à toutes fins, décoré du titre de greffier et s'occupant en outre des affranchissements et des expéditions pour le bureau des chartes, touchait, tout compris, 2,500 livres par an. Il se faisait aider, moyennant 2,000 livres, d'un commis chargé par surérogation des écritures relatives au bureau des troupes.

Deux employés au contrôle, trois aux fonds et armements, et six au magasin général, n'émargeaient ensemble, au budget, que pour 17,500 fr. ; c'était patriarcal.

Le personnel du génie et du port demandait seulement 11,500 livres.

Cinq conseillers à 3,000 livres chacun, un assesseur à 2000 livres, un procureur général à 6,000 livres et un greffier à 4,000, accompagnés de deux substituts, formaient l'ensemble du Conseil supérieur. Le juge royal était rétribué comme le procureur général : le lieutenant de juge et le procureur du Roi, comme le greffier de la Cour : celui du tribunal ne recevait que 2,400 fr. En somme, toute la justice se payait avec 44,900 livres.

La police était encore moins exigeante : un inspecteur à 2,000 livres suffisait à tout ; mais il ne faut pas perdre de vue que les esclaves formaient la majeure partie de la population, et que les maîtres, étant responsables des faits et des méfaits de leurs gens, avaient grand intérêt à les surveiller et devenaient de la sorte, pour la police, des auxiliaires très-vigilants. Ajoutons à ce qui précède, pour le service médical à St.-Denis, cinq médecins ou chirurgiens, un commis et deux sœurs qui, tous ensemble, se partageaient 11,200 livres. A St.-Paul, un chirurgien recevait 2,400 livres.

Ce qu'on ne conçoit guère, c'est que le clergé, qui avait ses biens particuliers, vint néanmoins comme partie prenante au budget : il recevait 12,500 livres qui étaient répartíes entre neuf curés ou vicaires assistés de trois religieux appartenant à des ordres divers.

En résumé, le personnel colonial ne coûtait, en 1785, que 146,800 livres. Les travaux publics facilités, il faut le dire, par les ateliers de l'Etat, devaient absorber une somme assez forte ; il reste surtout, en fait de bâtiments, beaucoup de témoignages de leur activité à cette époque. Quant aux recettes, à les conclure de la population et de la production coloniales, elles ne sauraient avoir été bien considérables : un tableau officiel de 1786 nous renseigne à cet égard.

L'île comptait 44,717 habitants, dont 8,227 personnes libres, blancs et affranchis réunis, et 36,490 esclaves.

La production agricole, toujours en 1786, avait été de 27,810 quintaux de café, soit 1,390,500 kil. ; de 169,850 kil. de coton et de 254,806 hectolitres de grains divers, en grande partie exportés à l'île de France et dans lesquels le blé figurait pour 44,387 quintaux, soit près de 30,000 hectolitres.

A tout prendre, ce revenu n'était pas considérable, mais c'était un revenu net ; les frais étaient ou nuls ou insignifiants. Il se répartissait d'ailleurs exclusivement entre la population libre, peu nombreuse comme nous l'avons vu, enfin et surtout, il profitait exclusivement à des résidents, l'accaparement du sol colonial et par suite le mal de l'absentéisme étant inconnus. Toutes ces circonstances réunies expliquent suffisamment la grande aisance qui régnait alors dans le pays.

En juillet 1788, M. de Cossigny de Palma, maréchal-de-camp, vint prendre le gouvernement de Bourbon et le garda jusqu'en juillet 1790, époque à laquelle il le remit au colonel Prosper de Chermont et alla remplacer à l'île de France, en qualité de gouverneur général, M. de Conway, obligé, par les violences de l'Assemblée coloniale, de donner sa démission. M. de Cossigny, né à l'île de France et mort en 1809, membre de l'Institut dont il fit partie dès l'origine, avait longtemps servi dans l'Inde. En 1783 surtout, colonel d'un des régiments français réunis aux troupes de Tippo-Saëb, il se conduisit brillamment à l'assaut de Nagara, place forte que nous reprîmes aux anglais. Auteur de plusieurs ouvrages et notamment d'un voyage à Canton, possédant à l'île de France de grandes propriétés sur lesquelles il avait introduit la canne de Batavia (appelée aujourd'hui canne blanche) la meilleure à cultiver quand cela est possible, M. de Cossigny n'eut guère le temps de s'occuper des intérêts matériels de la colonie ; nous étions déjà en 1789. Il put cependant organiser définitivement la paroisse de St.-Leu déjà démembrée du quartier St.-Paul et lui donner un commandant, c'est-à-dire en faire un quartier. Il demandait en outre qu'on séparât Ste.-Rose de St.-Benoit ; il en indiquait, par avance, les limites actuelles ; la localité lui semblait être suffisamment peuplée. L'établissement de la paroisse de St.-Joseph entrait également dans ses vues : il ne pensait pas que le chef-lieu dût en être placé à Bary, comme on le proposait : il indiquait Langevin, opinion qui a ensuite prévalu à peu de chose près.

Le 17 décembre de cette même année 1789, eu lieu un des plus violents ouragans dont on ait gardé le souvenir : le mercure du baromètre subit une dépression extraordinaire avec des oscillations inusitées. Le même jour, les frégates la *Vénus* et la *Résolution* appareillaient de St.-Paul pour rentrer en France. La *Résolution*, après avoir battu la mer pendant 15 jours, revint à l'île de France complètement désemparée. La *Vénus* ne reparut jamais : elle avait à son bord un grand nombre de jeunes gens appartenant aux meilleures familles des deux îles.

§ 4.—DE LA RÉVOLUTION A L'ARRIVÉE DU GÉNÉRAL DECAEN : 1789 à 1802.

L'année 1789, politiquement si orageuse en France, s'était écoulée fort paisiblement dans nos îles. Le souffle de la révolution nous arriva au commencement de 1790.

Le ministère, averti par ce qui se passait autour de lui, jugea prudent de faire quelque chose dans le sens des idées nouvelles, mais pourtant sans trop s'engager. Il ordonna donc que les habitants réunis nommassent les membres d'une *assemblée coloniale d'agriculture* avec un député en France. C'était au mois de janvier ; dans toutes les communes les choses se passèrent régulièrement et sans troubles. A St.-Denis, il en fut autrement ; on ne voulut à aucun prix entendre parler de l'Assemblée d'agriculture; il fallait, se disait-on, une assemblée générale, une constituante au *petit pied* : on la demanda et au fait on l'obtint plus tard. Tout d'abord, on nomma un comité dont Greslan, conseiller au Conseil supérieur et Santussan, procureur, furent membres et en même temps chefs d'action ; et qui devait, selon toutes les apparences, préparer la matière. Le gouverneur ne s'en émut pas et provoqua une seconde réunion qui fut aussi orageuse que la première : cependant, de guerre-lasse, on parvint à élire le député retardataire à l'assemblée d'agriculture, et celle-ci composée de 25 membres put se constituer. On ne voit pas, d'ailleurs, qu'elle se soit livrée à quelque travail important ; le comité Greslan-Santussan la tenait en échec. Bientôt elle disparut, tout aussi bien que le comité et l'on entra dans une voie régulière. Le ministère, comme il le déclarait lui-même, dans la séance de l'assemblée nationale du 27 octobre 1789, « considérant la disparité en tout genre qui « existe entre la mère-patrie et les colonies, leur état civil, « leur organisation bien différente, avait différé d'envoyer « les décrets de l'assemblée dans nos colonies où les rap- « ports locaux et commerciaux exigeaient les plus grandes « précautions. » C'est à St.-Domingue à dire si le ministère avait raison ; mais, finalement, il eut la main forcée et il fit passer des ordres aux administrations des colonies orientales qui, à leur tour, chargèrent immédiatement une commission de dresser les listes électorales ; le 11 avril le travail à Bourbon fut approuvé par les habitants réunis ; les 13 et 14 même mois, sans autre retard, on procéda à l'élection. Le vote par procuration fut admis, le procès-verbal de l'opération fut dressé par un notaire et signé par tous les assistants. Enfin, le 25 mai les députés des quartiers, au nombre de 125, se réunirent à St.-Denis, dans le bâtiment dit des Étuves, sur l'emplacement du marché actuel et commencèrent leurs travaux sous le nom d'*Assemblée générale* : ils élurent pour président M. Bellier, ancien membre du Conseil supérieur, ancien commandant par intérim en 1767, le même qui, au nom de la Compagnie, avait fait la remise de l'île à M. de Bellecombe, gouverneur pour le Roi. La loi du 8 mars 1790, qui ne tarda pas à être connue, donna une nouvelle sanction de régularité à ce qui avait été fait, son article 2 disposant précisément pour le cas où des assemblées coloniales existeraient déjà ; les députés de St.-Domingue et des Antilles siégeaient d'ailleurs à la constituante qui n'avait fait aucune difficulté à les admettre.

L'assemblée générale, tout d'abord, se déclara permatenté : elle marcha vite, ne cherchant point à prolonger son autorité : par un arrêté des derniers jours de mai, sanctionné le 7 juin suivant, par le gouverneur, elle ordonna, qu'aux termes du décret métropolitain des 8 et 10 mars 1790, il fût procédé, sans délai, à l'élection des membres de l'Assemblée coloniale et en fixa le nombre en raison de 5 p.%. de celui des citoyens *recensant*, la population libre et *active* étant alors de 8,300 à 8,500 âmes : toutefois elle eut grand soin de bien stipuler qu'avant de se séparer et de céder la place à l'Assemblée coloniale, elle procéderait elle-même, exclusivement, à la nomination des députés pour l'Assemblée nationale : la position avait son prix, et il n'était ni mauvais, ni défendu de penser un peu à soi. On passa ensuite aux Municipalités ; le 15 juillet le principe en était voté, et le 23 juillet un règlement, sanctionné le 28, en contenait toute l'organisation. Cet acte, calqué sur la loi du 14 décembre 1789, a eu son importance et est resté pendant plusieurs années en vigueur, à quelques modifications près : il faut reconnaître cependant que la composition des municipalités n'était pas des plus simples : qu'on en juge. D'abord, un corps municipal, dont la composition numérique se déterminait en raison de la population, sans jamais descendre au-dessous de trois membres, avait un chef qui s'appelait *Maire*. En seconde ligne, c'était un corps de notables double du corps municipal : et, pour conclusion, un Conseil général de la commune formé par la réunion des deux corps précédents. Si, ensuite, le corps municipal comptait plus de 3 membres, une nouvelle division avait lieu. Le premier tiers des membres composait le bureau, et les deux autres tiers le Conseil.

Les conseils municipaux géraient et administraient les biens et propriétés de la commune, réglaient et payaient les dépenses et veillaient à la bonne police.

Dès qu'il s'agissait de vendre ou d'acheter, d'emprunter ou de s'imposer extraordinairement, de plaider ou d'entreprendre des travaux neufs, l'intervention du Conseil général de la commune était d'obligation. Ce n'était pas tout encore : dans chaque Municipalité, un *procureur de la commune*, électif et sans voix dans les délibérations, était chargé de défendre les intérêts et de suivre les affaires de la communauté ; c'était une manière de factotum ou de majordome.

L'organisation coloniale du 22 juin 1793 ne changea pas beaucoup cet état de choses ; mais celle du 9 messidor an VI (27 juin 1798) le bouleversa et arriva naturellement à une grande amélioration. Son art. 89 réduisit le tout à un conseil de commune composé d'un agent municipal (maire) de son adjoint et de cinq ou de trois notables suivant la force de la population : on savait par une expérience, qui s'est perdue, qu'avec des conseils municipaux nombreux on n'arrive jamais qu'à une majorité de médiocrités.

Immédiatement après les municipalités, vint le tour de la *garde nationale*: la chose existait déjà sous la dénomination de *milice* ou de garde bourgeoise ; mais le changement de nom lui donnait une teinte patriotique qu'on ne pouvait négliger. Le règlement que fit l'Assemblée sur cette matière est du 15 juillet 1790 : depuis, il a été souvent retouché et modifié sans que les bases aient varié : le service fut toujours obligatoire de 15 à 50 ans : et souvent l'élection des officiers et sous-officiers fut faite au scrutin.

Le dernier acte de l'Assemblée générale fut l'élection des députés à l'Assemblée nationale : elle y procéda le 1er et le 3 octobre. M. Bellier de Villentroy fils, fut élu ; c'était un créole appartenant à une ancienne famille. Il avait été chargé, depuis 1776, du service administratif à St.-Paul et s'était acquitté de ses fonctions de manière à être mentionné dans les termes les plus flatteurs par les intendants coloniaux. Homme d'une haute intégrité, il devint, depuis, procureur général et conserva la place jusqu'à sa mort arrivée en 1811.

Bertrand (de Saint-Denis) et Lemarchand (de St.-Paul), tous deux européens, furent élus suppléants. Bellier n'accepta pas le mandat qui lui était offert et ne fut pas remplacé ; l'Assemblée considéra que ses pouvoirs, à elle, étaient épuisés et qu'elle n'avait pas le droit de recevoir la démission d'un membre de l'assemblée nationale régulièrement élu : ce n'était vraiment pas trop mal pour une époque où l'on débutait en système représentatif et où les précédents manquaient. Bertrand et Lemarchand partirent seuls et restèrent en France jusqu'à la réunion de la Convention, en septembre 1792 et la proclamation de la République.

Les députés de l'île de France ne furent pas si heureux. La frégate l'*Amphitrite* sur laquelle ils avaient pris passage, périt corps et biens sur les côtes de Bretagne, il ne se sauva que trois hommes et les députés ne furent pas du nombre.

La Constitution du 24 juin 1793 n'attribue pas de députés nommément aux colonies : elle se borne à dire qu'il y aura un député par 40,000 habitants. Ce chiffre était une exclusion pour nous : c'était donc un peu précipitamment que les zélés patriotes écrivaient dans la Constitution locale du 22 juin 1793 « *que la colonie concourait à la délégation des pouvoirs nationaux.* Si l'on vit encore quelques députés coloniaux après cette époque, ce fut en vertu de la loi du 22 août 1792 qui est très-positive et qui attribuait deux députés à Bourbon, mais dont les termes, ainsi que nous venons de le voir, n'ont pas été reproduits. A Saint-Domingue les choses furent différentes ; le nombre de 40,000 habitants était atteint. Quant à la Constitution directoriale du 22 août 1795 (5 fructidor an 3), elle dit bien que les colonies font partie du territoire français, mais elle ne les appelle pas à la représentation nationale. La chose fut parfaitement comprise ici, puisque l'organisation coloniale du 27 juin 1798 (9 messidor an 6), acceptée par les assemblées primaires, dit « que l'île de la Réunion est régie par des institutions particulières sous la dépendance et la protection de la métropole. » De députés, comme on le voit, pas un mot, même de regret ; cela se conçoit et cela se concevra de nos jours, tout porte à le croire ; au surplus nous verrons ci-après ce qu'il advint de nos députés.

Après l'élection des députés, l'Assemblée générale n'avait plus qu'à clore ses travaux et à se retirer ; c'est ce qu'elle fit vers le 5 octobre 1790 : elle avait siégé pendant 3 mois et 11 jours, sans qu'on puisse trop rigoureusement lui demander ce qu'elle avait fait, puisqu'elle n'était qu'une préparation à l'assemblée coloniale qui, elle-même, bien et régulièrement élue, conformément aux décrets des 8 et 10 mars 1790, se réunit à Saint-Denis et entra en fonction dans la première quinzaine d'octobre. Cette première asemblée ne paraît pas avoir été très-turbulente ; mais elle entendait se conformer à l'esprit du temps et, jusqu'à un certain point, c'était sagesse : elle s'attacha d'ailleurs à reproduire les décrets métropolitains autant qu'ils pouvaient se prêter à la différence des lieux et des choses. La pensée d'assimiler en tout les colonies à la France eut pu être permise à des débutants ; avec la marche du temps et un peu d'expérience elle ne serait que de l'impéritie au plus bas mot. Pour obéir au courant des idées régnantes, l'assemblée s'occupa très-promptement du sort des protestants quoiqu'il n'y en eût pas deux dans toute l'île, et s'appropria (19 novembre 1790), le décret du 24 décembre précédent en faveur des non-catholiques, autrement dit en faveur de la liberté religieuse, sur quoi il est curieux de remarquer que ce décret excepte positivement les juifs.

La noblesse arriva ensuite : on adopta le 18 décembre, et on ne pouvait s'en dispenser, le décret du 19 juin 1790 qui en prononçait l'abolition. Deux jours après, on fit encore mieux ; on vota un règlement provisoire pour l'administration de la justice, afin de modifier immédiatement la procédure criminelle. La question fut abolie, elle l'avait été depuis 1781 par Louis XVI, ce qui abonde ne vicie pas ; les peines afflictives ou infâmantes ne durent plus être prononcées qu'aux deux tiers des voix et la peine de mort qu'aux quatre cinquièmes. Toutes ces dispositions étaient d'autant plus sages qu'elles concernaient, non pas douze jurés, mais sept magistrats. Par une autre amélioration du 14 décembre, on appliqua, à la Colonie, le décret abolissant la confiscation des biens des condamnés.

L'assemblée générale avait organisé provisoirement la garde nationale : le 12 décembre 1790, on l'organisa définitivement avec cette addition très périlleuse, et qui fut la source de beaucoup de troubles, qu'elle serait soumise aux municipalités. Celles-ci presque aussitôt devinrent le motif d'un premier orage méritant bien, à ce titre, qu'on s'y arrête un peu, d'autant mieux qu'il ne dura pas moins de 10 jours. L'assemblée coloniale s'était, le 17 décembre, approprié et avait, en quelque sorte, réédité le réglement sur les municipalités fait par l'assemblée générale le 23 juillet précédent ; et le nouvel arrêté avait été envoyé au Conseil supérieur pour y être enregistré. Or, le Conseil, qui ne voyait pas de très bon œil tout ce qui se passait, songea à alléger son mécontentement trop concentré ; en conséquence, tout en ordonnant la transcription de l'arrêté sur ses registres, il ajouta que c'était sans garantir deux assertions contenues aux considérants de l'acte : la première, que l'institution des municipalités avait été acceptée avec reconnaissance par la population ; la seconde, que l'expérience en avait prouvé l'utilité. Incontinent, grande rumeur dans l'assemblée coloniale : le décret du 5 décembre 1789, qui déclare coupable de forfaiture le juge qui refuse l'enregistrement d'un acte législatif était, à la vérité, en vigueur depuis le 20 avril précédent. Mais le Conseil supérieur s'entendait aux finesses du droit : il avait enregistré : il était dans les termes de la loi : seulement il avait *observé*, et c'est ce qui exaspérait l'assemblée. Le Gouverneur, Prosper de Chermont, intervint fort à propos, pour mettre fin au débat, en enjoignant au Conseil supérieur d'enregistrer, à l'avenir, les arrêtés de l'assemblée coloniale *approuvés par lui*, purement et simplement et sans observations.

L'arrêté du 17 décembre 1790, dont nous venons de parler, avait son importance : rédigé avec beaucoup de mesure et reproduisant d'assez près la législation métropolitaine, il eut grand soin, néanmoins, de bien poser la compétence et d'énoncer dans ses considérants « qu'aux ter-
« mes du décret du 8 mars 1790 les lois intérieures pou-
« vant être provisoirement exécutées avec la sanction du
« gouverneur et sauf l'approbation définitive de l'assem-
« blée nationale, il s'ensuivait que l'assemblée coloniale
« était, à quelques égards, provisoirement législative. »

Partant de ce point, l'arrêté, qui de fait est resté en vigueur avec son caractère d'organisation jusqu'en juillet 1793, régla, dans une série de 193 articles, ce qui concernait les assemblées paroissiales ou primaires, les municipalités, les assemblées administratives et l'assemblée coloniale elle-même. La base du tout, nous dirions presque l'atôme élémentaire, c'était le *citoyen actif*. Or, le *citoyen actif* n'était pas le premier venu, il ne se ramassait pas dans la rue : l'universalité n'avait point encore été imaginée : il y avait des conditions : il fallait être français, majeur de 25 ans, propriétaire d'immeubles ou, à défaut, être domicilié dans la colonie depuis deux ans ; et enfin n'être pas en état de domesticité. A l'égard de l'assemblée coloniale ses règles de formation se résumaient comme il suit : vote par paroisse et à un seul dégré ; un membre, un député, comme on le disait, en raison de 50 citoyens actifs ; des suppléants de moitié moins nombreux que les titulaires ; mandat de deux ans ; gratuité ; exclusion des magistrats et des militaires ; admission des curés ; réélection autorisée pour une fois seulement. Du reste, l'assemblée fit bon marché d'elle-même ; et par exception ne s'accorda de durée que jusqu'au mois d'août suivant.

On sait combien l'administration de la justice a éprouvé de variation pendant toute la révolution. Le premier acte qui s'en soit occupé dans la colonie est un règlement ou arrêté du 15 décembre 1790, qui fonda les tribunaux de conciliation en même temps qu'il admettait l'élection des juges ; un second arrêté du 20 mai de l'année suivante revînt sur la matière ; les assemblées chargées d'élire pour deux ans les juges, les suppléants et les notables de chaque tribunal, devinrent des assemblées au deuxième dégré, procédant au premier degré des assemblées paroissiales sur le pied d'un membre électeur par 30 citoyens actifs.

Le 9 mai 1790 l'attention se porta sur les biens du clergé dont l'assemblée demanda préliminairement un état aux municipalités : les choses marchèrent ensuite assez lentement. Les Lazaristes possédaient des biens considérables : c'était une tentation ; mais le clergé avait su se faire aimer : c'est ainsi que le père Durocher, préfet apostolique, avait été nommé, par acclamation, membre de l'assemblée générale. Quoi qu'il en soit, les principes de la Révolution s'accentuant de plus en plus, on arriva à l'expropriation et aux ventes : seulement, par un procédé final et bienveillant, on eut soin de réserver partout un jardin pour le *citoyen curé*. Il serait trop long de suivre cette question pas à pas : pour ne plus y revenir, disons sommairement et tout de suite, ce qu'il en fut. Du 9 mai 1790 au 7 décembre 1791, on resta dans l'inaction : alors seulement on adopta le décret du 24 novembre 1789 qui mettait les biens ecclésiastiques à la disposition de la nation, à la charge de pourvoir d'une manière convenable aux frais du culte, à l'entretien de ses ministres et au soulagement des pauvres, dernière charge qui fut bien vite oubliée aux colonies comme dans la métropole ; heureusement, sans doute, car elle nous eut conduits à la taxe des pauvres dont l'Angleterre n'a certes pas à se féliciter : au point de vue moral, dès qu'on a excepté certains grands établissements d'une nature spéciale où les fortunes privées ne peuvent atteindre, la charité publique a l'inconvénient de fournir à l'égoïsme individuel un prétexte d'abstention. Partout où chacun aura compris le devoir du chrétien, l'Etat n'aura pas à se préoccuper des pauvres. Au point de vue économique, la charité publique, en opérant par règle générale, porte souvent à faux et plus souvent encore devient une prime à la fainéantise. Ce dernier point est incontestable dans les pays chauds où les besoins sont si restreints et la nature si prodigue.

Revenons à notre sujet. Après 1791, on ne s'était pas beaucoup hâté, mais 1793 arrivant, il n'y eut plus d'atermoiement possible. Le 26 mars et le 18 mai, l'assemblée coloniale prescrivit la vente des propriétés du clergé dont l'adjudication eut lieu au mois de juillet suivant. Tyrol, commissaire de la république, y présida, assisté de deux délégués de l'assemblée coloniale. On accorda de longs termes aux acquéreurs : trois ans pour les meubles, parmi lesquels les esclaves étaient comptés et quatre ans pour les immeubles. Les meubles produisirent 1,354,225 livres coloniales et les immeubles 1,442,702 livres, au total 2,796,923 livres, soit 1,393,463 fr. Malheureusement, ces sommes étaient en partie fictives. Il s'agissait de papier-monnaie, lequel perdait alors 50 p. o/o, de sorte que le total ci-dessus ne représentait plus que 699,231 francs au moment de la vente ; mais le papier perdait toujours, A la première échéance, la dépréciation était de 66 p. o/o. ; à la seconde, de 67 o/o ; à la troisième, de 95 o/o, et enfin, à la dernière, (1796) de 99 p. o/o. Avec une piastre effective, l'acquéreur des biens curiaux se fût libéré de 1,000 livres. Cela n'eut pas lieu pourtant : le dernier terme de la vente (mais celui-là seul), fut préservé. Le 17 juillet 1796, six mois avant l'échéance finale, tous les paiements furent suspendus dans la Colonie, et le 23 juin 1797, le papier-monnaie fut déclaré sans valeur. Si l'on ramène les chiffres, tant pour les meubles que pour les immeubles, à chacune des échéances de la vente, et que l'on consulte le tableau de dépréciation du papier-monnaie, on arrivera à ce résultat que les biens mobiliers de toute nature, appartenant aux curés et qui avaient été vendus pour 676,112 francs, n'ont produit réellement que 164,328 francs, et que les immeubles vendus au prix de 721,366 francs n'ont, de leur côté, fourni effectivement que 133,101 fr. pour les trois premiers termes qui, augmentés du dernier, intégralement payé, n'ont représenté encore que 313,433 fr. De sorte que, tout compte fait et toute réduction opérée, les 1,398,463 francs, valeur officielle sur le contrat des biens curiaux, se réduisirent à 477,761 francs, c'est-à-dire que la perte fut de 923,701 fr., soit des 2/3.

L'année 1790 se termina sans autres difficultés que celle qu'avait soulevé le Conseil supérieur. L'assemblée locale suivait l'assemblée nationale autant que les lieux et les circonstances le permettaient, dans les modifications qui étaient apportées à la législation civile. Le 31 décembre et conformémeut au décret du 9 octobre 1789, le prêt a intérêt fut autorisé au taux déterminé par la loi et que, malheureusement, on oublia de déterminer. L'usure se donna carrière jusqu'à retirer 30 p. o/o par an des capitaux, abus qui subsista jusqu'au 26 mars 1808, date de l'application, à la colonie, de la loi de 1807.

Le 3 mars 1791, on adopta la loi du 23 juillet précédent, qui abolit le *retrait lignager*, c'est-à-dire de l'action au moyen de laquelle le parent du vendeur d'un héritage le retirait des mains de celui qui l'avait acquis. Les anciens jurisconsultes n'hésitaient pas à trouver ce droit *juste et précieux pour les peuples*. L'empereur Théodose l'avait jugé contraire à la bonne foi, ce qui, empereur à part, était parfaitement vrai. Le 4 novembre de la même année 1791 l'assemblée coloniale s'appropria l'article XV du titre XV° de la loi du 16 août 1790 sur l'organisation judiciaire. Cet article est relatif à la rédaction des jugements et des arrêts que l'ancienne législation livrait trop à l'arbitraire des magistrats, surtout en ce qui concernait les raisons de décider. Désormais tout jugement et arrêt dut énoncer : 1° les noms et qualités des parties ; 2° les questions de fait et celles de droit ; 3° le résultat des faits reconnus et constatés et les motifs ; 4° le dispositif ; c'est ici une des améliorations capitales que la Révolution a introduites dans la distribution de la justice. Il est à remarquer cependant que la loi du 16 août ne prescrit pas de citer en matière pénale le texte appliqué : cela vint plus tard.

La fête de la fédération ne pouvait être oubliée. En juin, on vota qu'elle serait célébrée le 14 juillet de chaque année. Bien est-il vrai, qu'elle ne le fut qu'une fois. Quant au pavillon aux trois couleurs, qui ne fut dans l'origine qu'une transaction, on l'avait proclamé en principe dès le mois d'octobre 1790, mais il ne fut réellement arboré que le 19 juillet 1791, sans que ce retard puisse être expliqué.

Jusqu'alors tout avait marché assez régulièrement, sauf, bien entendu, quelques tiraillements, résultat inévitable d'un état de choses si différent de l'ancien. Mais vers la fin de l'année 1791, des troubles graves eurent lieu à St.-André. Nous ne saurions, même à l'aide de l'euphémisme le plus circonspect, exprimer comment, dans cette malheureuse commune, le bonnet de la liberté avait été pollué ; mais l'assemblée coloniale s'exaspéra incontinent. Elle considéra « qu'il avait été commis un attentat à la majesté « nationale et qu'il était de son devoir de donner un « grand exemple de sévérité ; » par suite elle déclara qu'il n'existait plus, dans la colonie, de canton sous la dénomination de St.-André, que le territoire en serait morcelé, mais que provisoirement les autorités constituées resteraient sur l'ancien pied. En un mot, tout fut comminatoirement changé et rien ne le fut en fait. *Le provisoire resta définitif*, seulement l'église paroissiale paya pour tout le monde et fut rasée jusqu'aux fondements. L'agitation était alors dans les esprits : les *chaumières*, par leurs exagérations contribuaient fort à l'entretenir, aussi tout devenait matière à soupçons et à inquiétudes. La loi du 28 septembre 1791, qui attribue dans la métropole les droits de citoyens aux hommes de couleur, avait été promulguée en février 1792, mais si inoffensive qu'elle fût et uniquement parce qu'elle arrivait avec les premiers bruits de St.-Domingue, elle inspira d'abord des craintes : bientôt une pétition, dont le texte ne fut pas divulgué, ayant été présentée par les affranchis de la partie du Vent au gouverneur alors en tournée, l'épouvante devint générale ; il ne s'agissait de rien moins que d'un complot contre la sûreté générale de la colonie. Au fond, il n'y avait rien ; aussi ne tarda-t-on pas à se calmer. Quatre individus d'assez mauvaise vie, qui avaient été arrêtés sur réputation, furent remis en liberté, sauf un seul qui fut expulsé, non comme conspirateur, mais comme vagabond notoire. Cette loi du 28 septembre 1791, dont on s'était tant effrayé, n'était pas, on le conçoit, celle qui porte la même date et qui, sous le nom de *Loi relative aux colonies*, avait été votée par l'assemblée nationale le 24 septembre 1791 et sanctionnée par le Roi deux jours après. Celle-ci fut promulguée le 7 mars 1792. C'est sur ce cadre premier et fort sagement conçu qu'ont roulé depuis, avec de très légères variantes, toutes les organisations qui ont admis une représentation intérieure coloniale. Dans ce sens, elle a une grande importance. L'article 1ᵉʳ détermine les matières sur lesquelles l'assemblée législative seule pouvait statuer avec la sanction du Roi : l'article 3 énumère les matières mixtes, c'est-à-dire celles que réglaient provisoirement les assemblées coloniales au moyen d'arrêtés exécutoires, pendant deux ans, avec l'approbation du gouverneur, mais sous la sanction directe et absolue du Roi.

Quant aux formes à suivre pour la confection des lois relatives au régime intérieur, l'assemblée législative se réserva de les déterminer après avoir reçu le vœu que les assemblées coloniales avaient été autorisées à exprimer sur leur constitution.

En juin 1792, M. Malartic, maréchal-de-camp, nommé par le Roi, gouverneur général des établissements français à l'Est du Cap de Bonne-Espérance, était arrivé à Maurice. Cet administrateur, qui a laissé de bons souvenirs après lui, sut traverser les époques les plus difficiles de la révolution avec un rare bonheur, ayant à résister à la fois à la démagogie intérieure, aux anglais qui croisaient autour des îles et enfin aux agents du Directoire dont il sut très-habilement se défaire.

Anne-Joseph-Hippolyte, comte de Malartic, était né à Montauban en 1730. Dès l'âge de 15 ans, il entrait au service ; il fit toute la guerre du Canada, y fut blessé trois fois et obtint la croix de St.-Louis. Plus tard, il fut envoyé à la Guadeloupe avec le titre de commandant en chef, et enfin, comme nous venons de le dire, il vint prendre le gouvernement des îles de France et de Bourbon qu'il conserva jusqu'à sa mort, le 18 juillet 1800. Avec lui arriva le gouverneur particulier de Bourbon, M. Vigoureux Duplessis, qui eut de la peine à entrer en fonctions. La variole faisait alors de grands ravages à l'île de France et naturellement à Bourbon on s'était empressé d'établir une quarantaine sur les navires de cette provenance. En outre, le 20 juillet, un Lazaret avait été fondé à la ravine à Jacques, et le 21 septembre, pour renforcer la surveillance sanitaire, des bureaux de santé avaient été organisés à Saint-Denis et à St.-Paul, toutes précautions qui du reste aboutirent à bien puisque Bourbon fut préservé de l'infection. Néanmoins, M. Duplessis se persuada qu'on ferait fléchir en sa faveur la sévérité des règlements : il se présenta donc résolument en rade de St.-Denis et demanda accès. Il ne trouva personne à terre qui voulût penser comme lui. On l'envoya faire une longue quarantaine à l'île Rodrigue et, quand il revint, il en eut une autre de surérogation à la ravine à Jacques; de sorte que, arrivé à l'île de France, au mois de juin 1792, ce ne fut que le 19 8bre qu'il put prendre possession de son gouvernement.

En même temps, ou presque en même temps que lui parut M. Tyrol, commissaire civil pour les établissements français à l'Est du Cap de Bonne Espérance. Les commissaires civils institués par la loi du 2 juillet 1792 étaient, disait-on, délégués par la nation et par le Roi pour hâter et faciliter l'entière organisation des Colonies et lever tous les obstacles qui s'y opposeraient : leur mission, confirmée à la chute de la Royauté par la loi du 17 août 1792, ne prit fin qu'en 1794, le ministère ayant alors ordonné leur réembarquement. Tyrol quitta l'île le 11 août de la même année, sans avoir laissé de grandes traces de son passage chez nous. C'était, paraît-il, un honnête homme, ami de l'ordre, et toujours disposé à faire des proclamations dont l'efficacité ne lui paraissait jamais douteuse. Il voulut par ce moyen convaincre les habitants de Bourbon du grand avantage qu'ils auraient à envoyer leurs grains à l'île de France et à n'être payés qu'en papier. Qu'il ne persuada personne cela va de soi. Disons pourtant à notre honneur que la famine dont l'île voisine eut tant à souffrir ne commença qu'en septembre de l'année suivante.

Quoi qu'il en soit, la position devenait de jour en jour plus difficile pour les administrateurs coloniaux. La guerre avec l'Angleterre était déclarée ; le 18 septembre 1792, M. de Chermont le faisait connaître officiellement à la population de Bourbon, nouveau sujet d'anxiétés, l'île étant à peu près dépourvue de moyens de défense. La guerre, il est vrai, en rendant les communications plus lentes et plus rares avec la métropole, fut presque un bonheur pour nous, tant que dura l'effervescence révolutionnaire ; les impressions perverses n'arrivaient qu'imparfaites et amorties. D'un autre côté, l'autorité centrale s'affaiblissait devant la turbulence des médiocrités livrées à elles-mêmes. Heureusement, un lien commun unissait tous ceux qui prétendaient se mêler aux affaires publiques, c'étaient les précautions à prendre à l'égard des esclaves. Certes, il existait alors chez nous dans la population libre, comme il en existe en tout pays de ces individus déclassés, qui ne savent spéculer que sur l'anarchie et le crime : mais ils étaient en si petit nombre, et leur champ de recrutement était si restreint, qu'ils perdaient la majeure partie de leurs forces de nocuité. L'esclavage a du moins cet avantage qu'il n'y a pas de basse classe parmi les citoyens. La pensée générale de la société, se pose et se maintient à un niveau élevé. Les maîtres sont des privilégiés, et constituent une sorte d'aristocratie : un instinct de conservation les porte à se soutenir mutuellement, et les rend ennemis des agitations politiques, qui pourraient déranger leur situation ; aussi, soit les motifs qui précèdent, soit cette douceur de caractère naturelle aux habitants de nos îles, la période révolutionnaire, si sanglante en France, s'écoula chez nous sans qu'aucune existence ait été compromise. L'assassinat, au Port-Louis, de l'amiral Mac Nemara, le 4 novembre 1790, fut un crime particulier où le propos délibéré n'entra pour rien. A Bourbon, on s'abstint toujours de vouloir singer la Convention. S'il en fut autrement à l'île de France, tout se borna à l'érection d'une guillotine et à une chèvre qu'on guillotina *pour lancer l'instrument*, suivant l'argot des patriotes. Le ridicule s'en mêla; on prétendit, par une espèce de jeu de mots, moitié latin, moitié français, que ç'avait été un *caprice*, et la guillotine fut démolie.

Une des premières mesures que prit le général Malartic fut de régulariser la circulation du papier-monnaie colonial. Il en émit une énorme quantité, un milliard cinq cent millions de livres pour les deux îles, et son nom s'y attacha, malheureusement pour lui. C'étaient de petits papiers, grands comme la main, sans date, mal imprimés, portant en tête, *îles de France et de Bourbon* et d'un contexte laconique. « Bon pour la somme de 1,000 livres pa-
« yables aux termes du règlement sur le papier-monnaie
« du 28 juillet 1790, valeur en ordonnances. » La dépréciation en commença presque aussitôt. Elle fut lente en 1792 et 1793, bien qu'en décembre de cette dernière année elle eût déjà atteint 63 p. o/o. En 1794, elle resta presque stationnaire à 67 p. o/o; mais, à partir de 1795, le mouvement de baisse s'accéléra d'une manière effrayante ; en septembre la perte était de 88 p. o/o ; l'année suivante, en septembre, également, c'était 99 o/o, et un mois après, en octobre, ce n'était plus rien.

Nous avons déjà dit que dès, le mois de juillet précédent

on avait suspendu tous les paiements pour mettre un terme aux libérations frauduleuses, et qu'en juin 1797, le papier-monnaie avait été déclaré absolument sans valeur. Combien de gens n'avait-il pas ruinés et quelques-uns, peut-être, par leur propre aveuglement ! Nous avons assisté, en 1824, à l'inventaire d'un vieillard mort dans la misère et qui n'avait jamais voulu admettre que la République ne reviendrait point et ne payerait pas ses dettes. Son mobilier ne consistait qu'en un triste grabat et en un grand bahut soigneusement cadenassé, lequel, ouvert, fut trouvé plein, jusqu'au bord, de *papier Malartic*. Cet homme, assurément, avait la foi républicaine.

Encore si le papier, les *billets monnaie* comme on les appelait, tout déprécié qu'il se faisait chaque jour, avait suffi au mouvement des affaires, le mal, quoique grand, eût été à quelques égards tolérable ; malheureusement il n'en avait pas été ainsi. Les coupures des billets, trop fortes à l'origine, en rendaient l'usage impossible ou incommode. L'assemblée coloniale avait cru pouvoir (11 avril 1793), améliorer les choses à l'aide d'un nouveau papier dit *billets de confiance*, par antimonie sans doute, destiné à faciliter l'échange des *billets monnaie :* il en fut créé pour 400,000 francs qui remplacèrent une somme égale de gros billets retirés de la circulation. Telle était alors la situation monétaire que les trois quarts en somme de ces billets de confiance furent de 25 livres à descendre jusqu'à 40 sous et même 20 sous. L'expédient était commandé par la force des choses, nous le croyons, mais il contribua à la diffusion du mal et à le faire pénétrer dans les classes infimes sans excepter les esclaves.

La chute graduelle du papier-monnaie nécessita un parère de dépréciation : il fut définitivement arrêté le 1er novembre 1798, et embrassa tout l'espace compris entre le 1ᵉʳ janvier 1792, et le 20 novembre 1796. Celui qui fut donné à l'île de France diffère de celui de Bourbon : la marche du papier n'avait pas été égale dans les deux colonies.

L'année 1793 fut accidentée ; et il n'en pouvait être autrement : ce ne fut pas pourtant avant le 2 février, bien que les événements sinistres se fussent précipités en France, qu'on promulgua la loi du 10 août 1792 prononçant la suppression du pouvoir exécutif et ordonnant la convocation de la Convention. La loi sur les biens des émigrés fut aussi rendue exécutoire, mais seulement en l'honneur du principe, car les émigrés n'avaient pas de propriétés à Bourbon.

La proclamation de la république était désormais une affaire de pure forme ; elle se fit le 16 mars 1793. Ce n'avait été que le 13 ou le 14 que l'on avait su positivement que la république existait en France. Les dates ne sont pas très-précises. Toujours est-il que le 14, les registres des communes mentionnent encore et révérencieusement *M. le Maire, Messieurs les officiers municipaux*, et que le 18 ce n'est plus que le citoyen Maire tout court : un nouveau serment fut exigé des fonctionnaires et prêté sans difficulté par le clergé même et, notamment, par le sieur Bellon, prêtre et principal du Collége de Saint-Denis : ce renseignement est le seul, à notre connaissance, qui constate l'existence d'un collége dans la colonie au moment où la Révolution a éclaté. Ce collége était-il subventionné par l'Etat, ou relevait-il exclusivement des Lazaristes ? C'est ce qui reste indécis : de toute façon, il ne tarda pas à disparaître pour ne reprendre une nouvelle existence qu'en 1817, époque à laquelle M. Desbassayns de Richemont, nommé intendant, arriva de France avec plusieurs professeurs, dont l'un, le sieur Rabany, fit longtemps les fonctions de proviseur et contribua beaucoup plus au développement du collége, aujourd'hui le Lycée, que telle autre personne qui en a recueilli l'honneur.

La nouvelle position que les événements faisaient à l'assemblée coloniale, l'obligea à quelques mesures d'intérieur ; elle était permanente en droit et intermittente en fait. Déjà une commission intermédiaire et d'administration existait pour assurer la marche des affaires, pendant les intercessions, ou les vacances, comme on le disait. Le 19 février 1793, on la régularisa en lui maintenant toutes ses attributions, et en portant le nombre de ses membres à cinq, pouvant délibérer à trois ; mais toujours sans traitement, désintéressement démocratique et patriotique qui dura ce qu'il dura. Un peu plus tard (15 mars), l'assemblée reçut et enregistra la loi du 22 août 1792 concernant l'élection des députés à la Convention ; nous étions, comme on le voit, bien en retard sur ce qui se passait en Europe. Deux députés étaient accordés à Bourbon avec deux suppléants : on appelait à voter tous les citoyens libres de quelque condition, état ou couleur qu'ils fussent, domiciliés depuis un an, sauf seulement ceux qui étaient en état de domesticité. Nous avons déjà dit comment la constitution de 1793 abrogea virtuellement cette loi quant à Bourbon, puisqu'elle n'accordait en termes généraux qu'un député par 40,000 citoyens, chiffre que notre population libre n'atteignait pas à beaucoup près. Mais déjà la Colonie avait élu les députés : c'étaient Lemarchand, d'Etchevery et Bénard suppléant. Lemarchand ne voulut point accepter et envoya sa démission, datée de Baltimore. On ne voit pas trop ce que devint Bénard. Quant à d'Etchevery, il fit vérifier et valider ses pouvoirs par la Convention le 24 octobre 1795, deux jours seulement avant la clôture de cette assemblée. Une fois admis, il s'appuya de la loi du 23 septembre précédent, qui autorisait les députés des Colonies à continuer provisoirement leurs fonctions dans le nouveau corps législatif, et de la sorte il entra au Conseil des *Cinq cents*, et y resta jusqu'en juin 1798. Depuis ce moment on n'entendit plus parler de députés coloniaux.

Quoique la loi du 22 août 1792 fût positive et qu'elle conférât le droit de voter à tous les *citoyens libres*, elle donna pourtant lieu à quelques controverses sur la portée de ce mot *citoyen*. L'assemblée coloniale y mit un terme le 4 avril 1793 en conférant tous les droits de citoyens actifs à la population dite de couleur sans restriction aucune. Les affranchis, au contraire, furent considérés comme étrangers et ne jouirent des droits politiques qu'au bout de cinq ans, à dater de leur affranchissement. On peut se demander si cet arrêté était bien nécessaire, et s'il n'y avait pas lieu seulement de forcer à l'exécution pure et simple de la législation de Louis XIV et de Louis XV. Les anciens textes sont en effet aussi positifs qu'ils sont unanimes. L'édit de 1685 pour les Antilles, l'édit de 1724 pour la Louisiane et celui de 1723 pour les îles de France et de Bourbon, disent en termes formels « que le Roi octroie aux affranchis les « mêmes droits, privilèges et immunités dont jouissent « ceux qui sont nés libres. » L'assemblée coloniale croyait être fort libérale et accordait un peu moins que ce qui existait.

L'idée d'un registre de l'Etat civil distinct pour les blancs et pour l'autre population, ainsi que la prohibition de mariage entre les classes appartient exclusivement à M. Decaen. La révolution de 1830 a fait justice de toutes ces petitesses.

La république, une fois proclamée, il fallut s'occuper d'une organisation coloniale, appropriée à la nouvelle forme de gouvernement. L'assemblée se mit à l'œuvre sans retard, mais quelques difficultés qu'elle ne se croyait pas autorisée à résoudre, ayant surgi, elle maintint provisoirement tout ce qui existait et suspendit (le 3 avril 1793) ses délibérations sur la matière, jusqu'à ce que les citoyens eussent été consultés ; et ceux-ci, ayant exprimé plus ou moins clairement leur opinion, elle vota l'organisation du 22 juin 1793, sanctionné par le gouverneur le 4 juillet suivant. Cet acte ne fut pas donné comme une œuvre complète, mais seulement comme étant la nouvelle base de l'organisation des corps constitués dans la Colonie pour l'administration intérieure. Une analyse très sommaire le fera connaître suffisamment.

« La Colonie fait partie de la république française, et
« concourt à la délégation des pouvoirs nationaux aux-
« quels elle obéit bien que régie intérieurement par ses
« institutions propres. Les assemblées primaires sont
« maintenues. L'Assemblée coloniale elle-même reste
« organisée comme elle l'avait été par le règlement du 17
« décembre 1790, qui formait, ajoute-t-on, la constitu-
« tion intérieure : les bases d'élection sont seules chan-
« gées : il n'y a plus qu'un représentant par cent citoyens
« actifs, avec des suppléants moitié en nombre. Pour être
« éligible il suffit d'être citoyen actif et domicilié depuis
« deux ans dans la Colonie, et depuis un an, dans le can-
« ton, avec cette faculté qu'un seul membre *domicilié*
« communique son aptitude aux autres qui ne le sont pas.
« La commission intermédiaire de cinq membres est con-
« servée. Il y a un Directoire colonial composé de trois
« membres, indépendamment d'un procureur général

« syndic et son subsitut, le tout y compris les suppléants
« renouvelé partiellement tous les deux ans par les élec-
« teurs des deux districts réunis, alternativement à St.-
« Denis et à St.-Paul. Il en est de même de tous les fonc-
« tionnaires dont les attributions s'étendent sur la colo-
« nie entière. Les municipalités restent ce que les ont
« faites le règlement du 17 décembre 1790 ; mais les
« membres en sont réduits à trois, non compris le procu-
« reur de la commune ; il y a en outre six notables : (nous
« disons aujourd'hui : un maire, deux adjoints et six
« conseillers municipaux.) Les municipalités ne sont plus
« chargées que de la partie administrative des communes
« et de la police municipale. La partie contentieuse de la
« police, quelque chose du correctionnel, et la concilia-
« tion sont confiés aux juges de paix, ainsi que les regis-
« tres de l'état civil conformément à l'arrêté local du 16
« mai 1793, qui avait adopté le décret de l'Assemblée na-
« tionale du 30 septembre 1792. Sont rétribués par le
« trésor public : 1° les membres de la commission inter-
« médiaire ; 2° les membres du directoire ; 3° le procu-
« reur général syndic et ses substituts ; 4° les maires, les
« officiers municipaux et les secrétaires greffiers. Quant
« au pouvoir exécutif, il est reconnu conformément à la
« loi du 25 août 1792. »

Il y a cette remarque à faire que l'Assemblée coloniale proclamait, le 22 juin, que la colonie concourait à la *délégation* des pouvoirs nationaux et que deux jours après, le 24 juin, la Convention lui enlevait virtuellement le droit à la députation, faute de population suffisante.

L'organisation de 1793 ne fait aucune mention du pouvoir judiciaire sur lequel on avait statué le 3 avril précédent : on avait conservé un tribunal de première instance avec un juge unique et un lieutenant de juge, et une cour d'appel à 7 membres, plus les officiers du ministère public, le tout à l'élection. Ce ne fut pourtant encore qu'un provisoire. Peu de mois après, pour se conformer à ce qui se pratiquait dans la métropole, on créa pour le civil un tribunal dans chaque commune avec appel réciproque. Le vote populaire, faisait les juges, donnait la science. Seulement, par manière de tempérament, le corps électoral spécial fut un peu modifié dans sa composition : on exigea 25 ans d'âge et un an de domicile. Les seules conditions d'éligibilité furent 30 ans d'âge et trois ans de domicile. En 1795, on réduisit le nombre de ces tribunaux à 4, dont l'un à St.-Denis et les autres à St.-Paul, St.-Benoit et St.-Pierre. Ceux-ci furent installés le 20 octobre 1795 après constatation, fut-il dit, *de la nomination par la chambre électorale des arbitres publics.* Le choix des juges confié à l'élection populaire est un procédé depuis longtemps réprouvé chez nous : ce qui a lieu aux Etats-Unis n'est pas fait pour le mettre en faveur : le caractère du magistrat disparaît sous la double influence de l'impéritie et de la vénalité. Le système des arbitres publics et des appels de tribunal à tribunal, n'eut pas plus de succès dans la colonie que dans la métropole ; il ne put aller au-delà du mois de juin 1796. On rétablit alors une cour d'appel, avec deux tribunaux de 1re instance, l'un à St.-Denis, l'autre à St.-Paul ; ce dernier fut supprimé en 1801. Quant aux tribunaux de répression, sans mentionner les juges de paix installés depuis 1790, des arrêtés de l'Assemblée coloniale, en date du 22 juillet et du 10 août 1793, organisèrent le tribunal criminel et adoptèrent la loi du jury, dans sa forme la plus simple et, pour ainsi dire, anglo-saxonne, soit pour l'accusation, soit pour le jugement. Nous voyons à la date du

25 octobre 1795, que pour le premier semestre de l'année, dans le canton du Nord, qui ne comprenait que St.-Denis et Ste.-Marie, il y avait 20 jurés d'accusation et 40 jurés de jugement : à ce compte, avec la faible population d'alors chacun avait la presque certitude d'être juré, ce qui n'était une garantie, ni pour la société, ni pour les accusés eux-mêmes. A l'égard de la pénalité, le code criminel métropolitain du 6 octobre 1791 fut promulgué le 22 juillet 1793.

Quelques autres dispositions législatives, d'une grande importance, votées en France, furent aussi appliquées à la Colonie ; le 10 mai 1793, on avait promulgué la loi sur le divorce, du 20 septembre 1792 : les époux furent maîtres de *reprendre leur indépendance sur la simple allégation d'incompatibilité d'humeur et de caractère ;* et, plus tard, de se reprendre pour époux, ce qui devint un moyen facile de fraude envers les créanciers ; aussi le Code civil, tout en maintenant le divorce, eut-il soin de supprimer la faculté du *remariage*. Le même jour, 10 mai, fut également promulguée la loi du 20 septembre 1792 qui confère la rédaction des actes de l'état civil aux agents municipaux auxquels les curés firent remise, le 25 du même mois, des registres qu'ils avaient en leur possession : à St-Denis seulement, la livraison fut retardée jusqu'en décembre. Nous avons déjà vu, qu'un mois après (en juin), l'état civil fut confié aux juges de paix en même temps qu'on adoptait la loi du 20 septembre 1790, qui fixe la majorité à 21 ans (20 juin 1793).

Le système représentatif, dans la colonie, avait été inauguré le 25 mai 1790 par *l'assemblée générale* : celle-ci fut remplacée au mois d'octobre suivant par une première assemblée coloniale, à laquelle succéda, le 12 août

1792, une seconde assemblée qui, aux termes du règlement du 17 décembre 1790, devait avoir une durée de deux ans. La forme du gouvernement ayant changé, les démocrates prétendirent qu'il y avait lieu, immédiatement, à de nouvelles élections, les pouvoirs des représentants élus pendant l'existence du pouvoir royal ne pouvant survivre à celui-ci. Tout était alors si instable et les principes tellement bouleversés que l'Assemblée eut peur et jugea convenable de consulter les assemblées primaires. Trois communes : Ste.-Marie, St.-André et St.-Louis votèrent avec les démocrates ; St.-Joseph s'abstint ; tout le reste fut de l'opinion modérée et maintint l'assemblée existante jusqu'au terme légal : c'est-à-dire, jusqu'au 12 août 1793, jour auquel la troisième assemblée coloniale ouvrit ses séances. Celle-ci, quoique d'une opinion plus avancée que la précédente, renfermait cependant encore une majorité modérée qui, à l'aide de la commission intermédiaire qu'elle nommait et dont elle disposait, réussissait assez bien à maintenir la tranquillité publique.

Mais bientôt les affaires changèrent du tout au tout. Il y avait longtemps qu'on était sans nouvelles de la métropole, et l'on se flattait déjà que les passions politiques y étaient entrées dans leur période de décroissance, lorsque, tout à coup, arriva de l'île de France un navire qui fit connaître le véritable état des choses. Les Girondins avaient péri sur l'échafaud ; le *gouvernement* provisoire révolutionnaire avait été décrété, ou était en pleine terreur. Immédiatement les chaumières, qui s'étaient constituées depuis longtemps dans toute l'île, prirent un redoublement d'activité. Celle de Saint-Denis, déjà en relation avec l'île de France, y fit passer ses griefs contre ce qu'on nommait les *amis de l'ordre*. La chaumière du Port-Louis se mit bien vite à l'œuvre et obtint de M. Malartic, gouverneur général, un ordre d'arrestation contre les fonctionnaires et les habitants de Bourbon accusés de royalisme, à commencer par M. Duplessis Vigoureux, gouverneur. Quant à celui-ci, qui avait demandé *comme un signalé service* qu'on le destituât de son commandement, M. Malartic n'eut pas à se faire beaucoup prier. Pour le reste, il n'est pas bien démontré que le gouverneur général n'ait pas sacrifié la justice à sa propre popularité. Dans tous les cas, les patriotes n'entendirent pas que les choses se fissent régulièrement et sans violence; elles eussent perdu toute leur saveur.

La frégate la *Minerve*, commandée par un sieur Daussère, quitta le Port-Louis, et 50 ou 60 patriotes des plus exaltés s'y embarquèrent, empressés d'aller mettre convenablement la main à l'œuvre. Le navire mouilla à St.-Denis le 10 avril : pendant toute la journée, le but de son voyage fut déguisé : on annonçait qu'il se rendait à Madagascar pour y prendre des bœufs, mais pendant la nuit du 10 au 11, il débarqua ses hommes. Le gouverneur fut brutalement arrêté, et conduit à bord de la frégate avec le lieutenant-colonel Fayolle, commandant le corps des volontaires coloniaux, Marceney, major, Brunot, capitaine de Port et Grangier, propriétaire, sans compter Tyrol, commissaire civil, dont les fonctions étaient terminées, mais dont les opinions déplaisaient. Deux officiers de marine émigrés, Navailles et Montmorin, furent également arrêtés : ce dernier était fils du ministre de Louis XVI et le dernier survivant de toute sa famille que l'échafaud révolutionnaire venait de dévorer. Les patriotes de la *Minerve*, une fois lancés, auraient bien voulu se donner pleine carrière et satisfaire les animosités personnelles de leurs amis de Bourbon ; mais, dès le 12, la commune de St.-Denis s'opposait fermement à toute arrestation arbitraire et réclamait contre celle de Grangier. On entendait que les autorisations accordées par M. Malartic ne fussent pas excédées puisqu'elles avaient été comprises d'une manière si acerbe. En effet, les violences exercées à l'égard de M. Duplessis étaient toutes gratuites, cet officier n'ayant aucun désir de résister aux ordres de son supérieur hiérarchique. En réalité, il n'y eut pour lui, dans cette circonstance, que le désagrément de se trouver, pendant quelques heures, exposé aux insultes d'une bande de vauriens. Duplessis Vigoureux avait honorablement gagné ses grades militaires ; lorsqu'il fut appelé au gouvernement de Bourbon, ses opinions royalistes étaient bien connues et il eut le courage de ne pas les désavouer pendant ses fonctions. Rentré en France, en 1795, il se prêta très volontiers aux vues du parti Clichien. Toutefois, comme un bon averti en vaut deux, il eut soin de ne pas se compromettre dans la journée du 18 fructidor (4 septembre 1796) qui détruisit les espérances des royalistes : il attendit et se remit en faveur après le 18 brumaire, gardant d'ailleurs ses opinions politiques, comme il le prouva en 1814.

Les sans-culottes (appelons-les par leur nom), en voulaient surtout au marquis de St.-Félix, vice-amiral, arrivé à l'île de France en 1791 et commandant la station navale dans nos mers. On le haïssait parce qu'on le craignait : caractère plus que véhément, il ne cachait pas ses opinions si opposées à celles qui prévalaient alors. Atteint dans son grade par les décrets contre les ci-devant nobles, et privé de son commandement, il s'était retiré à Bourbon ; là, réfugié chez un habitant de St.-Benoit, il ne pût être immédiatement découvert ; mais traqué de tous côtés, *déclaré ennemi de la Colonie, et mis même hors la loi* par l'assemblée coloniale, désormais soumise aux sans-culottes, il s'était enfin constitué prisonnier ; et après avoir été provisoirement détenu dans les caves de l'hôtel du gouvernement, il fut envoyé à l'île de France où on le retint en prison pendant seize mois, ce qui n'est pas en l'honneur de M. Malartic qui aurait dû respecter davantage, dans cet officier, de brillants antécédents. M. de Saint-Félix était, en effet, un marin du premier mérite ; né en 1737, à Cordes, dans l'Albigeois, d'un père très-noble, mais sans fortune, dont il était le quinzième fils, il dut tout à lui-même. Entré dans la marine en 1755, il servit tour à tour au Canada, à Cayenne, à l'île de France où il prit le commandement du navire *L'Heure du Berger* avec mission d'aller à la recherche d'une prétendue île de Saint-Jean de Lisboa dont il prouva la non-existence en dépit de toutes les cartes. Il fit ensuite comme commandant successif de trois vaisseaux de ligne, et sous les ordres du bailli de Suffren, les campagnes de la guerre de l'indépendance américaine. Le 12 février 1782, il se rendit maître d'un vaisseau ennemi ; au combat de Provedien, même année, il sauva le vaisseau de Suffren dégréé et sur le point d'être pris : au combat de Tranquebar, il combatit seul contre trois vaisseaux de 74 et les empêcha de rompre notre ligne. La gloire qui s'attacha à cette action lui attira, selon qu'on l'a prétendu, avec plus ou moins de vérité, les mauvais offices de Suffren auprès du ministère : il le sut et se vengea noblement. Le 3 septembre 1783, au combat de Trinquemalé, il se jeta seul au milieu de trois vaisseaux qui entouraient Suffren et allaient le forcer d'amener, et après un combat terrible il obligea l'ennemi à la retraite et dégagea son chef d'escadre. Promu vice-amiral le 1er janvier 1793, il était, comme nous l'avons dit, à l'île de

France, lorsqu'on le força à se démettre de son commandement pour lui faire subir ensuite une longue détention. Mis à la retraite en 1810, il mourut en 1819.

A partir de l'expédition de *la Minerve* le nom de *île de la Réunion* remplaça effectivement et réellement sur les lieux celui d'île Bourbon. En droit, s'il y avait un droit en ces matières et à cette époque, en droit, disons-nous, le changement datait du 13 mars 1793. Le décret qui le consacre est en effet de ce jour. Ce mot de Réunion plaisait singulièrement aux anarchistes : il avait acquis une précieuse signification politique depuis la réunion qui, au 10 août, s'était opérée entre les Marseillais et plusieurs des bataillons de la garde nationale préposés à la défense des Tuileries, réunion qui amena les massacres de la journée et la chûte de la royauté. C'est donc l'un des plus graves événements de l'histoire nationale qui nous a valu le nom que nous portons, et qui d'ailleurs, eut son temps de faveur. Tel navire de guerre, par exemple, s'appela la Réunion et précisément, en avril 1794, au moment où la *Minerve* opérait chez nous, à Paris, on représentait à l'Opéra : *La Réunion du 10 août ou l'inauguration de la République française sans-culottide, en 5 actes*. Lorsque les patriotes de l'île de France vinrent se réunir à ceux de Bourbon et enlever le gouverneur Duplessis, ils crurent de bonne foi qu'ils imitaient les hommes du 10 août. Pour préserver leur action de l'oubli des siècles, ils firent graver une petite médaille d'argent portant sur une face l'arbre de la liberté et sur l'autre, en légende, « la Réunion des sans-culottes, 15 germinal 1794. » On se fait gloire de toute espèce de choses. Qui ne connaît le mot : « Sont-ce là des clous ? »

Le sieur Roubaud, envoyé par M. Malartic, remplaça M.

Duplessis ; et avec lui commença la prépondérance des ultra-patriotes. La société dite des *amis de l'ordre*, organisée depuis longtemps pour faire contre-poids aux chaumières, disparut : des troubles partiels eurent lieu et bien qu'ils ne fussent suivis d'aucun accident grave, ils contribuèrent à irriter les passions et à entretenir une surexcitation générale et maladive. Elle ne tarda pourtant pas à se calmer à la suite d'un événement qui, partout ailleurs, eût été sans importance, mais qui devait impressionner une population peu nombreuse où, par le fait d'un contact journalier et forcé, chacun, pour ainsi dire, se connaissait individuellement.

Le 11 août, le citoyen d'Aubreville, capitaine d'artillerie, membre de l'Assemblée coloniale et chef du parti démocratique, chercha querelle à un courtaud de boutique, breton de naissance et royaliste de conviction, le provoqua en duel et fut tué roide du premier coup de pistolet. L'accident porta chacun à réfléchir sur le ridicule des démonstrations politiques, si loin de la métropole et sur un théâtre si restreint. On s'agitait pour s'agiter ; et l'on ne comprenait même pas le vrai caractère de la Révolution. La fête funèbre en l'honneur de Marat, par exemple, se célébrait en pleine église avec catafalque et accessoires : la campagne anti-religieuse se bornait à décréter qu'il n'y aurait plus, dans les églises, de bancs appartenant à des particuliers, et si l'on adoptait finalement et complètement le calendrier républicain, le 10 octobre 1794, ce n'avait pas été sans bien des tâtonnements, de sorte que tantôt on associait les mois républicains au millésime ordinaire, et tantôt c'était l'ère républicaine qui s'accommodait aux mois du calendrier grégorien. Au total, l'élan franchement révolutionnaire que les événements d'avril avaient imprimé à nos affaires intérieures fut sensiblement amorti par le bon sens de notre population et par sa modération naturelle. Tout se borna à beaucoup d'effroi du côté des honnêtes gens et à quelques incarcérations pour cause de royalisme. Celles-ci même ne tardèrent pas à s'arrêter ; la connaissance nous parvint enfin de la chûte des terroristes au 9 thermidor ; des élections nouvelles donnèrent dans l'assemblée coloniale une grande majorité au parti modéré ; et le 23 août 1795, Ozoux aîné demanda à l'assemblée coloniale et obtint la mise en liberté de tous les détenus politiques.

Roubaud qui, avec l'appui des chaumières et des démocrates forcenés, avait remplacé Duplessis Vigoureux, dut, à son tour, mais régulièrement, quitter son poste quand le parti eut perdu son influence. Il fut remplacé en novembre 1795 par le général Jacob de Cordemoy, brave militaire qui a honorablement porté son épée pendant 50 ans, mais qui, alors, sans déserter au fond du cœur ses instincts royalistes, avait été obligé de mettre de côté toute sa noblesse et signait bourgeoisement « Jacob ». Celui-ci se heurta tout d'abord à quelques difficultés, résultat de l'exaltation des esprits. Les belles heures de la Carmagnole étaient passées et naturellement on criait à la réaction. On fit appel au gouverneur général Malartic dont les opinions étaient plus avancées que celles de M. Jacob et qui avait eu le talent de se faire toujours bien voir des ultra-patriotes. M. Malartic vint, en conséquence, le 15 mai 1796, faire une courte et unique apparition à Bourbon où il s'occupa de l'apaisement intérieur et aussi tout particulièrement de se procurer les blés dont l'île de France avait besoin, ainsi que le constate sa correspondance autographe qui se trouve aux archives. Mais il allait bientôt avoir au chef-lieu de son gouvernement de plus sérieuses préoccupations. Les colonies confiées à ses soins étaient menacées d'un bouleversement complet et n'échappaient à leur ruine que par un acte de vigueur auquel il prit part en engageant bravement sa responsabilité.

En effet, nous n'en étions pas quittes avec les hommes du désordre: le 18 juillet 1796, Baco et Burnel, envoyés par le directoire, arrivaient à l'île de France avec quatre frégates et 2,200 hommes de troupes commandées par le général Magallon Lamorlière. Leur mission consistait à dissoudre les Asssmblées coloniales et à mettre en exécution le décret du 16 pluviôse an II, et par suite à proclamer la libération des esclaves immédiatement et sans indemnité. Leurs pouvoirs étaient illimités : l'exemple de Saint-Domingue n'avait porté aucun enseignement : c'était toujours le mot de Robespierre. « Périssent les colonies plutôt qu'un principe, » mot qu'on a fort injustement attribué à Grégoire, mais qui appartient bien à Robespierre qui le prononça en mars 1791 dans une réponse à Barnave. Burnel avait été assez maladroit pour formuler son plan et ses moyens d'exécution dans un écrit publié en France et dont un exemplaire l'avait précédé dans les colonies. Ces moyens passablement énergiques se réduisaient à deux ou trois. « Déporter promptement 30,000 noirs à Madagascar ;
« faire travailler, au moyen d'une force armée, ceux qui
« désormais libres seraient conservés aux colonies ; et en-
« fin pour suppléer au vide résultant pour la culture des
« 30,000 déportés, forcer au travail personnel tous les
« *êtres* libres de la colonie, les créoles surtout qui sont,
« disait Burnel, très-propres à résister aux fatigues de
« l'agriculture dans les climats brûlants. »

Les deux commissaires à peine débarqués au port-Louis

se rendirent à l'Assemblée coloniale et protestèrent des bienveillantes intentions de la métropole en faveur des colonies. On feignit de les croire, mais la division navale qui les avait apportés était commandée par le vice-amiral Sercey, qui s'était trouvé à Saint-Domingue au moment de la révolte des noirs et qui même avait transporté aux Etats-Unis les malheureux colons fuyant la mort. Quelques paroles échappées à Baco, pendant la traversée, lui firent deviner la mission de celui-ci ; aussi, à peine arrivé, se hâta-t-il de faire prévenir secrètement les habitants du danger qui les menaçait.

Cependant Baco et Burnel allaient haranguant les troupes, les excitant à la révolte et lançant des mandats d'amener contre les membres de l'Assemblée coloniale de l'île de France : bientôt un nouvel acte sur la signification duquel il n'y avait pas à se méprendre précipita les choses. M. Malartic, gouverneur général des deux îles, refusant de prêter la main à leurs entreprises, ils prononcèrent hardiment sa destitution. M. Malartic fort aimé de la population, résista et se maintint à la tête du gouvernement : ils offrirent alors au général Magallon de le remplacer comme gouverneur. C'était mal s'adresser. M. Magallon, quoiqu'il eût obtenu assez rapidement ses derniers grades, comptait de nombreuses années de service, et n'était pas homme à se mettre à la tête d'un mouvement subversif ; il refusa. « Les colons, dit-il, ne sont pas des rebelles, nous ne « devons pas les traiter en ennemis. » La position devenait critique. L'Assemblée coloniale invita M. Malartic à se rendre dans son sein, et les deux pouvoirs ainsi réunis, appelèrent au Port-Louis les habitants en état de porter les armes : bientôt ils eurent sous la main et dans la ville tout la population valide de la colonie. Les commissaires qui s'étaient logés à l'hôtel du gouvernement y furent cernés : ils voulurent haranguer et leur voix fut couverte par des cris de plus en plus menaçants. Obligés de se retirer, ils furent poursuivis et n'échappèrent que par le plus heureux hasard à un coup de pistolet tiré sur eux. Ce fut le terme de la crise. Baco et Burnel bien convaincus du danger qu'ils couraient et de l'inutilité de nouvelles tentatives, déclarèrent spontanément qu'ils ne s'opposaient point à leur expulsion : quelques heures après ils étaient embarqués et mettaient à la voile. C'était le 21 juillet. L'ordre était de les conduire à Manille pour retarder leur rentrée en France et laisser aux événements, qui se succédaient alors si rapidement dans la métropole, le temps d'amener un changement d'hommes et de principes. Le calcul, en effet, était bon. On craignait le directoire outragé dans ses agents ; le consulat remplaça le directoire. Parfait, ministre de la marine, fit, le 28 nivôse an VIII (janvier 1800), un rapport tout à fait rassurant sur l'affaire de l'île de France. « Dans l'impossibilité, disait-il, d'expédier aux îles des forces respectables, il faut nécessairement se contenter de faire une espèce de négociation avec les habitants. » On ne fit rien du tout. Bonaparte n'était pas fâché d'avoir une faute de plus à reprocher au Directoire : l'affaire fut oubliée. Mais cette solution n'eut lieu que plus tard : les craintes subsistèrent longtemps : on avait à redouter d'un gouvernement aussi peu scrupuleux que l'était le Directoire, des mesures de répression violentes et peut-être sanglantes. En cette occasion la colonie de Bourbon ne voulut pas décliner sa part dans les périls attachés à un acte dont elle-même avait profité. L'Assemblée y fit preuve de courage et d'une bonne confraternité coloniale : le 25 août, elle envoya deux de ses membres, Ozoux et Sainte-Croix, porter à l'île de France son adhésion au renvoi des agents du directoire et sa déclaration de complète solidarité à cet acte.

Baco de la Chapelle, qui a laissé un si mauvais renom chez nous, avait été, dans l'origine, procureur du Roi en province, puis membre de l'Assemblée nationale où il ne se fit remarquer que par une assez sotte querelle avec l'abbé Maury. Il était maire de Nantes lors de la chûte des Girondins dont il partageait les principes : il fut emprisonné, mais échappa à la mort, ce qui ne témoigne pas beaucoup de son importance. Après son expédition malencontreuse aux îles de France et de Bourbon, il revint à Paris et prit là direction de l'Opéra. Finalement, on l'envoya en mission à la Guadeloupe où il mourut en 1801.

A Bourbon, cependant, les finances étaient dans un état déplorable. La colonie ruinée par le papier-monnaie et sans commerce extérieur ne fournissait plus aux dépenses les plus urgentes de son administration. Il fallut avoir recours à des moyens nouveaux. L'enregistrement, sous le nom de contrôle des actes, fut établi en juin 1797. Bien que le tarif en ait été tout d'abord assez élevé, les premiers résultats furent minimes. Du 22 septembre 1798 au 22 septembre 1799, la recette n'excéda point 66,720 francs. Il est vrai qu'on débutait. L'application des lois fiscales aux actes civils exige, pour être fructueuse sans être tracassière, une connaissance assez approfondie du droit. La loi d'ailleurs était dans son origine fort imparfaite. Celle du 22 frimaire ne fut appliquée à la colonie que sous l'administration de M. Decaen en 1803, avec quelques légères modifications : elle fut remplacée le 2 mars 1818 par une ordonnance locale qui a subsisté jusqu'au 2 avril 1830, époque à laquelle fut promulguée l'ordonnance de Charles X, du 19 juillet 1829, qui régit actuellement la matière. Celle-ci en refondant sur plusieurs points les textes précédents, d'après la jurisprudence de la Cour de Cassation, a été un travail de véritable amélioration. Le tarif s'y trouvait en outre notablement réduit, avantage que nous avons perdu en grande partie sous le gouvernement impérial par suite des arrêtés du 22 décembre 1861 et 27 octobre 1862.

Le 13 juillet de la même année 1797, on remania la division territoriale de l'île. Des onze communes alors existantes on forma cinq cantons : celui du Nord qui comprenait Saint-Denis et Ste.-Marie ; celui du Nord-Est : Ste.-Suzanne et St.-André ; celui de l'Est : St.-Benoit et Ste.-Rose ; celui de l'Ouest : St.-Paul et St.-Leu ; et enfin celui du Sud, le plus étendu de tous, qui embrassait St.-Louis, St.-Pierre et St.-Joseph. Le 31 du mois suivant (août 1797), on ne fit pas si bien. Un arrêté de l'Assemblée coloniale admit le recours en cassation pour tous les arrêts rendus par le tribunal criminel. C'était consacrer l'impunité ; à considérer la guerre maritime et le voyage à la voile par le Cap de Bonne-Espérance, plusieurs années n'eussent pas toujours suffi pour amener un procès à terme. Avec l'abus des délais en matière pénale les masses qu'il s'agit d'avertir et d'impressionner ne saisissent plus le rapport légal entre le crime et le châtiment. On atteint l'homme et l'on n'instruit personne. L'Assemblée coloniale ne tarda point à s'apercevoir qu'elle s'était engagée dans une fausse voie par une trop servile imitation de la métropole ; moins de dix mois après, l'organisation du 27 juin 1798 restreignit la faculté du pourvoi en ce sens qu'on n'en pût user qu'avec l'autorisation préalable de l'Assemblée.

En France, les événements avaient marché ; l'institution du gouvernement directorial commandait des modifications dans l'organisation coloniale. Le parti modéré, qui avait repris le dessus dans l'Assemblée, travaillait déjà et comptait bien, dans l'œuvre nouvelle, opposer quelques entraves aux élans de l'ultra-démocratie. Ce n'était pas le compte des anarchistes: menacés de près, ils tentèrent d'enlever la partie de haute lutte. Le nuage orageux se forma dans le Sud-Ouest. On débuta par lancer un manifeste contre l'Assemblée et immédiatement on passa à l'action. Belleville, ancien sergent au régiment de Pondichéry, devenu, par grâce électorale, commandant des gardes nationaux de St.-Pierre et de St.-Louis, prit la tête du mouvement, aidé de quelques autres individus aussi exaltés que lui, et notamment d'un abbé Lafosse, curé de St.-Louis, qui se compromit beaucoup et qui, en bonne conscience, n'aurait pas dû se trouver en si mauvaise société. Le 8 avril 1798, Belleville se déclara donc en pleine révolte, assembla du monde et se mit en marche sur St.-Paul, avec ce qu'il appelait *son armée*: tout alla bien jusqu'à St.-Leu; mais là il rencontra ce qu'il ne cherchait pas, c'est-à-dire M. Jacob, gouverneur de l'île, avec une partie des gardes nationales de l'arrondissement du Vent; une autre partie avait passé par la plaine des Cafres, traînant avec elle du canon, et déjà occupait la ville de St.-Pierre. L'*armée* de Belleville tenue en échec par M. Jacob, qui connaissant ses gens, eut la sagesse de temporiser, ne tarda pas à s'égrener, pour ainsi dire, et bientôt à s'évaporer. Toute l'affaire ne dura que peu de jours: Belleville fut saisi avec les autres chefs du mouvement; et, quoi qu'ils eussent mérité, ils n'obtinrent le 29 mai qu'un arrêté d'expulsion à la suite duquel on les remit à un capitaine de navire qui devait les transporter dans l'Inde et les déposer en pays neutre et habité. Il n'en fut rien : on les débarqua aux Séchelles d'où plusieurs revinrent hardiment dans la colonie. Un membre de l'assemblée, le procureur Santussan, que nous retrouvons ici toujours démocrate, osa même se vanter, en séance publique, d'en avoir recueilli plusieurs chez lui. Naturellement on le contraignit à donner sa démission ; mais il fallut prendre de nouvelles mesures pour se débarrasser de ces turbulents patriotes. On prescrivit de rechef leur expulsion ; et comme moyen cërcitif, on ordonna le séquestre de leurs biens, avec menace de confiscation, s'ils ne se mettaient pas dans les quinze jours à la disposition de l'autorité chargée de leur embarquement : on ne fit rien de plus ou à peu près ; et l'on tint pour bien terminé ce qu'on appelait la guerre de la *rivière d'Abord*, guerre, en effet, où les belligérants avaient eu la sage précaution de ne pas brûler une amorce, mais qui, à cause de quelques compagnies de gardes nationaux qu'on fut obligé de laisser en garnison à St.-Pierre, pour donner aux esprits le temps de se calmer, n'en entraîna pas moins la colonie dans des dépenses que sa situation besoigneuse lui rendit plus pesantes. Les contribuables devraient bien savoir une fois pour toutes que les agitations politiques se tournent finalement contre eux.

L'assemblée coloniale, une fois débarrassée de Belleville, commença la discussion d'une troisième organisation. Elle y consacra sept séances : ce n'était pas trop pour 235 articles. Les longues discussions prouvent presque toujours l'ignorance des *discutants*. Les personnes instruites comprennent tout de suite et procèdent vite.

L'organisation de 1798 fut votée le 5 juin ; le 17 du même mois, les assemblées primaires l'acceptaient et le 27, le gouverneur la sanctionnait. Malgré toutes ces formalités elle fut encore qualifiée de provisoire parce que l'approbation métropolitaine manquait, ce qui fut heureux puisqu'on put régulièrement la remanier un peu plus tard. Elle n'était du reste qu'une appropriation telle quelle à la Colonie de la constitution directoriale de l'an III, seulement comme on n'avait pas sous la main les éléments d'un conseil des anciens, on s'en passa très-facilement.

L'administration intérieure de la Colonie fut confiée : 1° à un conseil général représentatif, toujours sous le nom d'assemblée coloniale, que les assemblées primaires renouvelaient par moitié chaque année en raison d'un représentant par cent citoyens ayant droit de voter ; 2° à un comité administratif choisi parmi les membres de l'assemblée et rétribués ; 3° à un agent général d'administration qui était en même temps commissaire général de la trésorerie ; et, enfin, à des agents municipaux. Tout en rappelant le lien de subordination qui unissait la Colonie à la Métropole, on tint compte de la position spéciale de celle-là ; « elle faisait partie de la république, mais elle « était régie par des institutions particulières sous la dé- « pendance et la protection de la Métropole. » Le gouverneur, d'ailleurs, conservait son droit de sanction sur les arrêtés de l'assemblée, conformément au décret du 25 août 1792, disposition utile et peut-être indispensable dans l'intérêt des bonnes finances. L'île fut divisée en deux districts pour l'administration de la justice, c'est-à-dire qu'il y eut deux tribunaux de première instance à un seul juge avec un suppléant, plus une cour d'appel de sept juges : la nomination de toute la magistrature, soit debout, soit assise, fut réservée à l'assemblée coloniale. Les juges de première instance restaient trois ans en fonctions ; s'ils étaient réélus, ils devenaient inamovibles ; il en était de même pour le tribunal d'appel, mais au bout de cinq ans. L'institution du jury fut maintenue dans son entier, à cela près que pour le juré, comme pour le membre de l'assemblée coloniale, le cens fut admis et fixé à 50 fr. d'impositions. Un mois après (en août), on revint sur cette question et la liste des jurés dût être dressée par le comité administratif qui n'y admettait que les citoyens âgés de 30 ans et possesseurs d'un immeuble d'une valeur de 10,000 fr., réduite presque aussitôt à 5,000 francs.

Cette organisation de 1798 incontestablement préférable à celle qu'elle remplaçait était encore bien loin d'être sans reproche; et on s'en aperçut bientôt. Pour le moment l'attention était absorbée par la situation financière de la colonie. Le papier-monnaire ayant été déclaré sans valeur et le numéraire manquant complètement, les transactions les plus simples de la vie usuelle étaient devenues presque impossibles.

La caisse coloniale, de son côté, était absolument vide : il fallait de toute nécessité sortir de cette position : la création d'un nouveau papier s'offrait comme moyen unique surtout sous le rapport des dépenses publiques; mais après les désastres du papier-monnaie, un titre sans garanties n'avait aucune chance d'être accepté. On créa donc pour 750,000 fr. de *mandats basés sur les impositions*, ce qui n'était ni assez sûr, ni assez clair pour appeler la confiance; l'opération n'eut aucun succès; et quoiqu'au mois de septembre 1798 on eût fait figurer pour 500,000 fr. de ce papier aux voies et moyens, l'assemblée coloniale, pas plus loin qu'au mois de novembre suivant, ordonnait le retrait et le brûlement des *papiers mandats*, ce qui s'effectua, à 10,000 fr. près, dans un délai qui ne fut pas trop long. On avait donc échoué sous le rapport budgétaire;

pouvait-on, du moins, remédier d'une manière quelconque à l'absence de la monnaie métallique ? La guerre maritime et l'insuffisance de la marine nationale en présence des croiseurs anglais, avait paralysé le commerce et arrêté les exportations : il en était résulté chez nous une accumulation de denrées sans possibilité de réalisation actuelle : heureusement, ces denrées consistaient en café et girofle, marchandises qui peuvent attendre sans se détériorer : c'était une valeur dormante, mais certainement une valeur. Le gouvernement sut en tirer parti dans l'intérêt général. Il admit et concentra en quelque sorte toutes ces denrées dans les magasins que lui-même possédait au chef-lieu et dans diverses communes, et il en délivra sous sa responsabilité des récépissés ou *bons de dépôt* qui, par le fait, de son intervention, revêtaient un caractère public et joignaient une garantie morale à la garantie matérielle énoncée au titre. Le café, qui formait la majeure partie des dépôts, était alors coté à 50 fr. la balle, prix auquel l'absence de tout commerce donnait une fixité rassurante : le café devint bientôt une valeur type : on ne traitait plus qu'en café et les bons de dépôt acceptés sans difficulté et sans dépréciation suffirent à la circulation intérieure et remplacèrent d'une manière tolérable le numéraire jusqu'à l'apparition des neutres sur nos rades. Ceux-ci apportèrent avec eux beaucoup d'espèces monnayées et notamment des quadruples espagnoles, achetèrent les cafés et firent rentrer les récépissés. On doit rapporter cette solution et l'apparition des neutres à l'année 1798, ou environ. En effet, le commerce renaissant au mois de septembre, on frappait à la date du 27, sans plus de retard, d'un droit d'entrée les marchandises destinées à la consommation intérieure, et d'un droit de sortie les denrées du crû de la Colonie, le tout au grand bonheur des finances coloniales alors aux abois.

Nos relations avec les neutres, à l'époque dont nous parlons, retirèrent la colonie de la plus déplorable des situations qui se puisse concevoir et nous procurèrent quelques années d'une prospérité au moins relative ; si elles avaient continué, nul doute que les îles de France et de Bourbon n'y eussent puisé des ressources et des forces pour résister en 1810, mieux qu'il ne leur a été permis de le faire, à l'invasion anglaise. Malheureusement, nous devions payer l'enivrement d'Iéna. Le singulier décret de Berlin du 21 novembre 1806 où la France, sans marine, mettait les îles Britanniques en état de blocus, amena, par voie de représailles, l'ordre en conseil, du 11 novembre 1807, qui assujettit les bâtiments des puissances neutres à la visite des croiseurs anglais, à une station obligatoire en Angleterre et au paiement d'une imposition. Dès ce moment tous les pavillons disparurent de nos rades et nous fûmes livrés à nos propres forces, c'est-à-dire à notre propre misère.

L'Assemblée coloniale avait été en réalité fort indulgente dans l'affaire de Belleville : les dernières mesures qu'elle avait prises étaient restées à peu près à l'état comminatoire : ce fut une faute, et la démagogie sut fort bien en profiter : elle se reconstitua facilement, et, dès le commencement de 1799, l'existence d'un complot contre la sûreté intérieure de la Colonie ne faisait plus de doute : il y avait entente, projets de désordre, espérance de mal faire : cette fois, comme on l'a généralement cru, c'étaient les idées de Babeuf qui prévalaient. Les meneurs, néanmoins, affectèrent un but politique et couvrirent leurs intentions réelles sous des prétextes de bien public. L'Assemblée, obligée de demander quelques ressources à l'impôt pour faire face aux besoins d'un pays abandonné par sa métropole, fut représentée comme un agent de spoliation.

D'autre part on avait, avec beaucoup d'adresse, saisi le côté faible du gouverneur. Froissé souvent dans son amour-propre et maladroitement le plus souvent par l'Assemblée coloniale, il n'aurait pas été fâché de voir celle-ci humiliée à son tour. On avait donc eu grand soin de mettre en avant la nécessité d'augmenter ses attributions. Lui-même reconnut loyalement, le 7 pluviose, qu'il avait reçu en personne une pétition destinée à renverser l'Assemblée quoiqu'elle fût adressée en apparence directement à cette dernière (1). Cette pétition colportée exclusivement à St.-Paul, à St.-Louis et à St.-Pierre n'avait pas été rédigée dans la forme sans quelque modération ; on se rattrapait sur le fond : c'était d'abord une incrimination formelle. On se prévalut de quelques actes soit de l'Assemblée soit du comité administratif, actes que les circonstances critiques où l'on se trouvait justifiaient suffisamment : la pétition faisant sans doute allusion à l'affaire de Belleville, déclarait que *l'Assemblée en se permettant des actes de violence avait autorisé les pétitionnaires à devenir eux-mêmes violents.* Enfin, elle posait comme *ultimatum* que l'Assemblée eût à déclarer ses pouvoirs terminés et à remettre toute l'autorité au gouverneur, qui se formerait un conseil de huit membres pris parmi les propriétaires, à deux par canton. Il est curieux de constater combien toujours, et même sur le théâtre le plus exigu, la démagogie est portée vers les formes autocratiques, ce qui se conçoit aisément puisque l'autorité apparente obligée pour se maintenir de faire d'incessantes concessions aux mauvais instincts des classes infimes qui la soutiennent, n'est plus en définitive que l'agent de celles-ci. Les choses en étaient

---

(1) Archive coloniale.

à ce point lorsque le 24 pluviose (12 février) les conjurés, disons les comploteurs de St.-Paul et de St.-Louis, au nombre de 90 ou 100, se rendirent plus ou moins ostensiblement à St.-Denis et, ce qui nous semblerait aujourd'hui incroyable, furent reçus et installés au parc même d'artillerie dont la direction était confiée à Burgala, l'un des plus exaltés du parti. Le lendemain, 25, le mouvement proprement dit commença : la générale battit, la légion se réunit sur la place des casernes, devant l'hôpital, et l'on se mit en pleine révolte. Les auxiliaires arrivés la veille de St.-Paul et de St.-Louis, se formèrent en ligne de bataille avec la garde nationale de St.-Denis. Immédiatement on destitua le chef de la légion : on fit sortir des rangs un pauvre diable appelé Descreux, on le proclama commandant ; Piveteau, un des meneurs de St.-Suzanne, qui se trouvait naturellement à St.-Denis, mit entre les mains du Lafayette improvisé un grand sabre, comme insigne de sa nouvelle dignité, et l'on procéda au changement des officiers. Le gouverneur cependant se hâta d'arriver sur les lieux ; il ne fut pas insulté, mais son autorité fut totalement méconnue. Les mutins se dirigèrent alors sur le parc d'artillerie et se firent livrer des cartouches : de là, ils se portèrent sur l'Assemblée coloniale : leurs orateurs admis devant celle-ci la haranguèrent et lui présentèrent la pétition que nous avons analysée, et qui n'était au fond qu'un congé final qu'on la priait de se donner à elle-même. Les choses commençaient à prendre un caractère sérieux ; la ville se trouvait en réalité au pouvoir d'une bande de vauriens capables de quelque mauvais coup contre les personnes et surtout contre les biens. L'assemblée fit, dans cette circonstance, preuve de beaucoup d'énergie : d'abord elle appela près d'elle et fit ranger sur la place du gouvernement une compagnie d'artillerie, corps de choix formé de citoyens qui avaient toujours tenu pour le parti de l'ordre, et qui suffit pour le moment, grâce aux bouches à feu dont elle disposait, à maintenir à distance la garde nationale révoltée. Le gouverneur, d'ailleurs, en avait vu assez pour savoir à quelles gens il aurait affaire s'ils avaient le dessus. Le vieux noble avec ses instincts de dignité personnelle, se réveilla en lui. Il se rendit au sein de l'assemblée à laquelle il prêta de la sorte l'appui moral résultant de sa présence. L'assemblée, de son côté, tout assiégée qu'elle était, faisait preuve de vigueur. Dès midi, elle se déclarait en permanence, ordonnant la mise en état d'arrestation des chefs de l'émeute, et plaçait sous les ordres immédiats du gouverneur toutes les gardes nationales et notamment celles qu'on attendait de la partie du Vent. En effet, dès les premiers moments d'agitation, le pavillon d'alarme avait été arboré à la place ; les mutins se hâtèrent d'aller l'abattre, mais pas assez tôt heureusement pour qu'il n'eût été aperçu par Fabien, gardien d'une vigie située au mont Saint-François : il répéta le signal tout de suite et transmit l'alarme aux communes de la partie du Vent dont les gardes nationales se mirent immédiatement en marche sur Saint-Denis où elles arrivèrent le soir même. Dès lors tout rentra dans l'ordre : c'es là ce qu'on appela le mouvement du 25 pluviôse (13 février 1799.)

L'assemblée cependant avait été trop sérieusement menacée pour qu'elle n'eût pas à se prémunir contre de nouvelles attaques. L'arrestation des chefs du désordre ne tarda pas à être suivie de celle des complices (30 pluviôse). On aurait pu les livrer tous à la justice ordinaire : les faits de révolte à main armée étaient indéniables ; avec la législation de l'époque, il y aurait eu nécessairement des condamnations à mort. C'était ce qu'on voulait éviter, et, à cette fin, on résolut de procéder par voie de haute administration. L'Assemblée n'eut d'ailleurs à sévir contre aucun de ses membres : Santussan avait déjà été renvoyé et, en légiste prudent, il s'était tenu coi tandis qu'on agissait. Quant à Barré, démocrate forcené, qui se trouvait à l'île de France avec mission d'organiser un coup semblable à celui qui, en 1794, avait amené l'enlèvement de Duplessis, on se borna à lui interdire sa rentrée à Bourbon. Une des premières dispositions que l'on prit fut de mettre, par un arrêté du 17 février, à la charge des individus compromis dans les événements du 13, tous les frais que ces événements avaient occasionnés et tous ceux qu'il faudrait faire encore. Rien n'était plus juste sans doute, et le principe en lui-même était excellent, seulement on avait le tort d'oublier que les fauteurs d'émeute et de révolution sont précisément ceux qui n'ont rien à y perdre : confisquer sur eux, c'est confisquer dans le vide.

L'application de la loi commune aux individus déjà arrêtés, ayant été écartée comme nous l'avons dit, la voie d'expulsion restait la seule possible ; car, après des actes si graves et avec des gens tout disposés à recommencer, il fallait bien sévir, et, par un sérieux exemple, prévenir de nouvelles perturbations intérieures. Le 4 ventôse an VII, le comité administratif reçut mission de l'Assemblée de déterminer les lieux de déportation : on se servit de ce mot quoiqu'il ne fut pas exact. Le comité se mit tout de suite à l'œuvre, mais ne fut pas unanime. Saint-Rémy, président de l'Assemblée, se montrait le plus irrité : il avait à la vérité quelque motif pour l'être : il devait, si l'émeute avait triomphé, être atteint un des premiers : déjà, dans les conciliabules, on l'avait menacé de *l'île de l'Horizon*, île suspecte dont il se souciait médiocrement d'être le Robinson : aussi voulut-il d'une déportation dans les lieux les plus lointains possibles, *aux Comores*, ou à la côte d'Afrique. Ses collègues moins effrayés que lui, furent aussi moins sévères : ils fixèrent leur choix sur Madagascar, et décidèrent, en outre, qu'il serait fait deux catégories de déportés ; l'une, de 44 membres, qualifiés *de gens sans moralité*, fut destinée au fort Dauphin (côte Sud-Est), appelé dans la phraséologie de l'époque *fort la loi* ; l'autre, dite première classe, composée de gens d'une condition plus relevée, au nombre de seize, dut être dirigée sur *Foulpointe* donnée dans la pièce officielle comme *établissement français, abondant en moyens de subsistance et salubre dans la saison où l'on se trouvait*. De fait, la catégorie du fort Dauphin se composait, en presque totalité, de matelots, de cantiniers, de charcutiers, de brocanteurs, etc. Parmi ceux qui furent inscrits dans la première classe se trouvaient deux enseignes de vaisseaux, un employé de la comptabilité nationale et, pour parler comme le texte officiel, *l'apothicaire de la République* qui figurait là on ne sait comment ni pourquoi. Au surplus, la liste de déportation ne fut pas, à beaucoup près, dressée précipitamment et à la légère. L'assemblée employa à cette opération quatre longues séances (20, 21, 22 et 25 février), nul ne fut atteint qui n'eût été partie active dans la prise d'armes du 25 pluviôse : chaque nom fut débattu et soumis à un vote spécial. Néanmoins, il est permis de penser que, si l'on n'avait pas opéré sous l'impression d'un danger récent, on aurait écouté, dans une plus large proportion, les conseils d'une modération clémente et qu'en atteignant et punissant les coupables, on eût épargné les *niais* qui, cette fois, comme dans tous les mouvements populaires, n'avaient pas été les moins nombreux. Cette opinion se fit jour. Elle s'accentua même et amena parmi les royalistes la scission dite des *modérés* au nombre desquels (il nous convient de le dire), figurait M. J.-B. Pajot, dont nous aurons à parler ci-après.

Le sort des déportés de chaque classe fut fort différent : les quarante-quatre qui avaient été qualifiés *gens sans moralité* et de qui on devait attendre moins de prudence, partirent au mois de novembre, suffisamment pourvus d'armes et de munitions qui leur avaient été délivrées par ordre formel de l'autorité locale, et arrivèrent sains et saufs au Fort-Dauphin, lieu de leur destination, comme on l'apprit le 13 mai 1799, au retour du brick la *Réunion* qui les y avait portés. Quant aux autres, au nombre de seize, qui devaient se rendre à Foulepointe, on fut longtemps sans en entendre parler, jusqu'à ce qu'on apprit enfin, qu'attaqués par une frégate anglaise et ayant amené leur pavillon, ils firent feu, en violation des lois de la guerre, sur les bateaux qui venaient amariner leur navire, de sorte que la frégate prenant celui-ci pour un pirate le coula impitoyablement.

Les événements de pluviôse avaient été sérieux : on s'en était effrayé et, à partir de ce moment, on vit des complots de tous côtés. En fructidor notamment (septembre), on en découvrit un *affreux* dont on voulut s'occuper et qui eut tout l'air de n'avoir jamais existé. Graduellement les esprits se calmèrent et l'attention se porta d'un autre côté. M. de Souillac, ancien gouverneur, avait accordé à je ne sais qui un titre de concession, ou quelque chose de semblable, concernant l'île de Saint-Jean de Lisboa, île imaginaire dont l'amiral de Saint-Félix avait déjà surabondamment démontré la non-existence. N'importe, ce titre retrouvé à Saint-Paul, échauffa les imaginations : on organisa une société pour la colonisation de Saint-Jean de Lisboa ; on souscrivit, on donna du café faute d'argent, et malgré les observations très-judicieuses du gouverneur Jacob, on expédia un navire en quête du nouvel Eldorado. On ne trouva rien ; et au mois de juin, après 71 jours de mer, le navire revint avec son équipage et tous ses émigrants sains et saufs et désappointés.

La colonie, on le croira sans peine, ne figura point dans cette entreprise à l'étourdie : sa situation financière, rien moins que brillante, ne le lui aurait même pas permis : c'est ce que prouvent les comptes de 1799, ou plutôt de l'an VII (23 septembre 1798 au 22 septembre 1799) qui furent clos et arrêtés au mois de germinal de l'année suivante. A l'actif, qui ne comprend en tout que dix articles, figurent en première ligne 500,000 fr. de papier-mandats qui devaient disparaître pour plus des deux tiers avant émission, le brûlement en ayant été ordonné. Le contrôle des actes avait produit 66,735 francs ; la douane 79,692 francs ; les contributions directes, soit en presque totalité la capitation des esclaves, 225,485 francs ; les biens curiaux, 47,712 francs ; le reste était peu de chose. Au passif, on trouve d'abord 359,547 francs pour papier-mandats brûlés ; puis 307,875 francs pour tout le personnel colonial, 20,400 francs pour la surveillance des marrons, qui, profitant des troubles intérieurs, s'étaient organisés en bandes agressives et de pillage ; enfin, après quelques articles de moindre importance, 125,000 francs pour subvention au gouvernement général. L'administration coloniale se divisait alors en intérieure et extérieure. L'intérieur relevait exclusivement du Comité administratif, dont les membres recevaient un jeton de présence de 10 francs par jour. Quant à l'extérieur, il concernait exclusivement aussi le Gouverneur et l'Administration de la marine. Le service, dans cette dernière partie, avait quelques ressources propres ; néanmoins la colonie, ou l'intérieur, faisait à l'extérieur une subvention dont le chiffre, fixé d'abord à 125,000 francs, fut ensuite réduit à 76,000 francs.

En résumé, les revenus s'étaient élevés, en l'an VII, à .... 930,833 fr.
Et les dépenses à .... 873,955 »
Il y avait donc un excédant de.......... 36,873 »

Mais cet excédant n'était qu'apparent parce qu'on avait opéré en partie sur du papier colonial. En faisant disparaître celui-ci tant de l'actif que du passif, on trouvait que la recette réelle n'avait été que de 430,833 francs, tandis que la dépense réelle avait atteint 591,102 fr. 50, d'où suivait un déficit de 60,269 francs qu'il fallut couvrir ou du moins masquer avec du papier.

Les premiers mois de l'année 1800 s'écoulèrent en apparence assez tranquillement, mais de nouveaux germes de trouble existaient déjà. Tant qu'il avait fallu résister à la démagogie, le parti modéré, qu'on appelait assez improprement le parti royaliste, était resté fort uni : devenu prépondérant à la suite des événements de pluviôse, il ne tarda pas à se diviser ; les ultra se formèrent en un groupe séparé et pendant deux années agitèrent la Colonie par ce qu'on appelait les projets d'indépendance. Sans tenir compte ni des années déjà écoulées ni de la tournure que les affaires avaient prise en France, ni surtout de la présence de Bonaparte au pouvoir, ils exagérèrent les craintes que pouvait encore inspirer le décret du 16 pluviôse an II et rappelant l'expulsion des commissaires Baco et Burnel, ils prédisaient des sévérités gouvernementales. Suivant eux, un seul moyen s'offrait pour conjurer tous les dangers et ce moyen était d'arborer le drapeau blanc, de se mettre sous la protection des anglais, et, par conséquent, de se détacher de la mère-patrie. Un projet aussi excentrique rencontrait, on le conçoit aisément, une très-vigoureuse opposition dans la fraction sage du parti royaliste ; cette opposition fut telle que les indépendants, malgré leur majorité numérique au sein de l'Assemblée, n'osèrent pas se hasarder seuls dans leur entreprise, et voulurent chercher un appui dans la masse populaire toujours ignorante, et, par suite, toujours si facile à abuser. De là à l'idée d'une espèce de constituante il n'y avait qu'un pas.

La commune de St-.André, qui, par une sorte de fatalité, a rarement eu la bonne fortune de garder un juste milieu dans ses opinions politiques et qui était devenue le foyer de l'ultra-royalisme, se chargea de l'entrée en matière. Le 17 décembre 1800 (26 brumaire an VIII) ses délégués présentèrent à l'Assemblée coloniale une pétition demandant à celle-ci qu'elle s'adjoignît deux députés par commune, afin de donner, disait-on, plus de solennité à l'*appel aux étrangers* ; c'était préjuger la question ; mais n'importe, sur le fait de l'adjonction tout le monde était d'accord. La mesure fut donc votée à l'unanimité. Le 18 décembre 1800, les élections complémentaires eurent lieu et leur résultat trompa complétement l'attente de ceux qui les avaient sollicitées. La minorité de l'Assemblée devint majorité ; néanmoins, puisqu'on s'était réuni pour discuter l'acte d'indépendance, on se mit tout de suite à l'étude. Un travail rédigé par un des principaux meneurs et lu en séance publique reste un peu dans le vague sur ce qu'on voulait réellement. Le gouverneur Jacob est plus précis dans la correspondance fort régulière qu'il entretenait avec l'île de France et se montre bien informé du plan des agitateurs : d'après lui, l'indépendance proclamée, les Anglais, c'est-à-dire les ennemis acceptés comme protecteurs, on n'en conservait pas moins l'Assemblée, les comités, le Gouverneur et même l'Ordonnateur. L'Assemblée prescrivit un rapport sur les projets qui lui étaient soumis. La rédaction en fut confiée à M. J.-B. Pajot, c'était un des plus jeunes membres de l'Assemblée (1). Dès le 26 décembre 1800, sans autre retard, il donnait lecture de son travail.

La situation de la colonie y était examinée, les motifs de crainte du côté de la métropole y étaient réduits à néant : toute idée d'indépendance y était présentée comme une puérilité dangereuse et toute idée d'appel à la protection an-

---

(1) M. Lefèvre, procureur-général à la Cour d'appel de Bourbon, dans un discours de rentrée du 5 novembre 1864, consacré en grande partie à retracer la carrière de M. J.-B. Pajot, tant sous le rapport politique et judiciaire que sous le rapport littéraire, s'exprime ainsi :

« M. Pajot s'éteignit presque subitement le 13 août 1849, il était dans
« sa soixante dix-huitième année. La Cour toute entière assista à ses
« funérailles. Un magistrat dont ce pays a connu et apprécié le mérite
« aussi, M. le procureur général Massot, fut un des interprètes de la
« douleur commune. Un des contemporains de M. J.-B. Pajot, dit-il,
« en finissant son allocution, un de ses collègues qui lui était attaché
« par les liens de la plus étroite amitié vous dira quel fut l'homme dont
« la société coloniale pleure aujourd'hui la perte ; l'étendue et la soli-
« dité de ses connaissances, l'impartialité et l'indépendance de ses ju-
« gements, la dignité constante et soutenue qu'il apportait dans l'exer-
« cice de ses fonctions, son goût éclairé pour les lettres, le charme de
« son amitié, les services qu'il a rendus à son pays. Pour moi, j'admire
« le calme et l'unité d'une si belle vie, j'admire la sérénité de sa vieil-
« lesse. Il fut un des hommes rares qui ont aimé le bien pour le
« bien ; dédaigneux des récompenses du monde, il a suivi d'un pas
« ferme la voie que Dieu lui a tracée......

glaise condamnée comme éminemment coupable. M. Joseph, depuis comte de Villèle, prit la parole et quelles que fussent ses affections intimes, mais avec ce tact de l'opportunité qui caractérise l'homme vraiment politique, il repoussa le drapeau blanc, et appuya très-vivement les conclusions du rapport. Le projet soutenu par quelques-uns de ces ultra-royalistes qui, ici, comme ailleurs, ont toujours eu le talent de gâter les bonnes causes, fut rejeté à une grande majorité. C'était un succès, mais la lice restait ouverte, et la lutte, sous une forme ou sous une autre, pouvait recommencer dès le lendemain. Or, les esprits les plus sages étaient d'ores et déjà convaincus qu'il y avait urgence à mettre un terme à des agitations qui, si ridicules qu'elles fussent, vu l'exiguité du théâtre, n'en désolaient pas moins la colonie depuis plusieurs années et prenaient leur source dans la fréquence des élections populaires ; ils se sentaient en force dans l'Assemblée et résolurent de ne pas laisser échapper l'occasion.

Un projet fut immédiatement présenté par eux pour modifier profondément l'organisation du 29 prairial an VI. Rien n'était plus légal puisque l'Assemblée avait été constituée extraordinairement et précisément pour modifier ; seulement, au lieu de modifier en faveur des indépendants, on allait *modifier contre eux*. Ce nouveau projet, dont la discussion s'ouvrit le 29 décembre 1800, fut adopté toujours avec une forte majorité le 27 janvier 1801. Comme il s'agissait de changements majeurs dans un acte organique, le vote de l'Assemblée dut être soumis à l'approbation populaire. Cinq grandes communes sur les six existantes, donnèrent leur adhésion aux changements proposés. La majorité par commune ne suffisait pas, il fallait encore la majorité des voix qui fut facilement obtenue : il ne restait plus qu'à avoir l'approbation du gouverneur. Celui-ci, malheureusement, refusa sa sanction et expliqua son refus dans une proclamation du 30 janvier 1801. L'assemblée, de son côté, ne resta pas de l'arrière et répondit à la proclamation par une lettre passablement acerbe, dans laquelle elle énonçait des faits très-vifs, notamment, qu'il y avait un projet de capitulation avec les Anglais et qu'à cette fin un aviso allait partir pour le Cap de Bonne-Espérance.

Quoi qu'il en soit, devant l'opposition inattendue du gouverneur, la majorité de l'Assemblée qui se savait bien appuyée par la population, arrêta son plan de résistance, passif en apparence, et très actif en réalité, et l'on commença. D'abord les membres complémentaires déclarèrent que leur mission était accomplie et se retirèrent ; en même temps les membres de l'ancienne minorité, au nombre de 13, donnèrent leur démission ; la direction des affaires resta de la sorte livrée aux théoriciens de l'indépendance et de l'appel à l'étranger.

Presque aussitôt il s'éleva dans toute la colonie, un cri de réprobation contre le refus de sanction et contre la retraite des membres supplémentaires. Les projets les plus bizarres (ne marchandons pas l'expression), les plus grotesques, tels par exemple qu'une scission entre la partie du Vent et la partie Sous-le-Vent, se firent jour. Le mécontement public, porté à son comble, effraya les *indépendants* tout des premiers. Il fallut donc d'assez mauvaise grâce de leur part et de fort bon gré de la part de leurs adversaires, aviser au plus tôt contre les suites probables d'une irritation trop bien motivée et si vivement accentuée. Les 13 membres démissionnaires qui avaient été réélus d'emblée consentirent à reprendre leurs sièges à l'Assemblée et d'un commun accord on vota, le 16 février 1801, le rappel des supplémentaires. Le même jour on envoya le projet de réforme coloniale à la sanction du gouverneur; on s'était déjà entendu avec lui et on était arrivé à un compromis : M. Jacob avait cru comprendre qu'il engageait sa responsabilité devant le gouvernement de la métropole en sanctionnant une déclaration, dite fondamentale, inscrite au projet de réforme et par laquelle la colonie affirmait qu'elle n'accepterait jamais le décret de pluviose an II. Cette déclaration fut distraite du projet et resta l'œuvre propre et exclusive de l'Assemblée. Quant au projet lui-même le gouverneur le sanctionna le même jour, 26 février 1801; et ses dispositions devinrent immédiatement obligatoires.

Tout paraissait fini : il n'en était rien. Les exaltés ne consentirent pas à se tenir pour battus. Peut-être étaient-ils soutenus par le gouverneur qui, tout en repoussant avec indignation l'idée d'un appel aux anglais, n'aurait pas été trop fâché de se débarrasser de l'Assemblée coloniale. D'ailleurs, noble de vieille race, il sympathisait naturellement avec les meneurs de l'indépendance tous ultra-royalistes et quelques-uns même anciens gardes du corps, qui d'ailleurs à l'exemple des démocrates de pluviose, avaient eu soin de réserver au gouverneur, dans leurs projets de transformation coloniale, une part d'attributions très-élargie.

Un complot fut bien vite organisé : naturellement il prit naissance à St-André; les gardes nationales de cette commune devaient se porter sur Saint-Denis, enlever et déporter les principaux membres de l'Assemblée coloniale et proclamer immédiatement l'indépendance, on dirait aujourd'hui l'autonomie absolue. Le projet ne put être tenu si secret que le comité administratif n'en apprît quelque chose tout juste la veille du jour fixé pour l'exécution. Le comité composé de MM. Gilot l'Étang, J.-B. Pajot et Auguste de Lanux ne perdit pas de temps. Il avait sous la main ce qu'il lui fallait : c'était un membre de l'Assemblée, officier de marine, qui avait assisté au combat du 13 prairial an II et qui s'était battu pendant trois jours sur le navire de Villaret de Joyeuse. Il reçut les ordres du comité et se rendit à franc étrier à St.-Paul : il y réunit les gardes nationales qui étaient entièrement dévouées à l'Assemblée, les fit embarquer rapidement sur tous les bateaux qu'on put trouver, et à neuf heures, dans la soirée du même jour, il débarquait avec elles à St.-Denis. L'Assemblée avait de la sorte gagné quelques heures sur ses adversaires et elle se trouvait en force. C'était le 10 mai 1801. Le comité administratif fit arrêter sans retard les chefs du mouvement avorté au nombre de cinq ou six. L'Assemblée leur enjoignit de quitter la colonie et de se rendre à Maurice ou dans tout autre lieu de leur choix. Ils obéirent et purent revenir sans inconvénient à Bourbon, trois ans après. Cependant, pour eux et pour leurs amis, le voyage à Maurice fut une déportation ; seulement, l'opinion publique, dans son équité souvent railleuse, la qualifia de *petite*.

Dès ce moment, la tranquillité intérieure cessa d'être troublée et la Colonie, jusqu'à l'arrivée du capitaine général Decaen, jouit d'un repos dont elle avait le plus grand besoin. On ne saurait méconnaître que cet heureux résultat ne fut dû à l'arrêté du 26 février 1801 (7 ventose an IX) dont il est bon de reproduire ici les principales dispositions.

Cet arrêté s'est bien gardé de vouloir refondre en entier l'organisation existante du 9 messidor an VI (26 juin 1798), il se borna à la modifier, mais il l'a fait profondément ; deux articles y suffirent ; ils sont précis: « L'Assemblée ac

« tuelle, constituée à 52 membres, restera chargée de re-
« présenter la Colonie : elle pourvoiera elle-même à ses va-
« cances : elle nommera l'agent général, les agents munici-
« paux, les membres des conseils de commune, tous pour
« un an, avec faculté de réégibilité : pendant ses vacances,
« elle sera suppléée dans ses attributions par une commis-
« sion intermédiaire de onze membres. L'administration
« proprement dite sera confiée à un comité réduit de cinq
« membres à trois, rééligible par trimestre, avec un jeton
« de présence de 10 fr. pour tout traitement. Ce comité, du
« reste, aura la nomination d'un certain nombre de fonc-
« tionnaires et avec le concours du gouverneur, celle des
« chefs de légion et de bataillon de la garde nationale. »

Les pétitions politiques furent absolument interdites : toutes les autres pétitions ne purent être qu'individuelles et durent être transmises au comité administratif par la voie de l'agence municipale. Le tribunal de l'arrondissement Sous-le-Vent et les bureaux de conciliation furent supprimés.

Sous le rapport politique, l'année 1801 n'avait donc pas été en définitive trop mauvaise ; au point de vue matériel il n'y avait pas lieu également d'être mal satisfait. On n'avait pas eu d'ouragan : la récolte de café s'était élevée à 3,500,000 kilog. ce qui, à 50 francs la balle, prix alors courant, représentait un revenu net de 3,500,000 francs somme très considérable pour le temps, et d'autant plus effective qu'elle était exclusivement touchée par les résidants et dépensée sur les lieux. Les finances coloniales s'amélioraient aussi : les comptes de l'an IX (23 septembre 1800 au 22 septembre 1801), qui furent rendus le 13 janvier 1802, ne présentèrent pas de déficit, circonstance inouïe depuis longtemps, et se réglaient en argent monayé, sans aide ni addition de papier d'aucune sorte ; la recette s'élevait à 503,869 francs et la dépense à 436,458 fr. Tout cela n'était certes pas bien considérable, mais c'était clair, et comme nous l'avons déjà fait remarquer, il ne s'agissait absolument que du service colonial qui n'avait d'autre rapport avec le service de la république, ou ce qu'on appelle aujourd'hui le service général, que la subvention de 76,000 francs dont nous avons déjà parlé.

La population esclave s'élevait, en 1801, à 64,000 âmes. Elle a toujours été depuis en décroissant, malgré la traite qui, rétablie par arrêté consulaire du 20 mai 1801 (30 floréal an X), a subsisté longtemps encore après, soit ouvertement soit clandestinement. En effet, au moment de l'émancipation, le 20 décembre 1848, le nombre des esclaves était tombé à 61,186. Ce fait jugerait l'institution. Néanmoins, il convient de faire observer que les femmes n'ayant jamais figuré que pour un tiers tout au plus dans le chiffre des esclaves, il était naturel que les naissances n'eussent jamais égalé les décès, ce qui expliquerait suffisamment la réduction finale ; mais ce qui ne saurait s'expliquer à l'aide de la théorie, c'est ce fait singulier et incontestable que depuis l'émancipation l'ancienne population esclave a décru encore plus rapidement qu'auparavant.

L'année 1802 fut toute calme. La paix d'Amiens du 27 mars 1800, déjà connue depuis quelque temps, au moins dans ses préliminaires, fut officiellement publiée le 12 juillet.

Pour être dans le vrai, il faut reconnaître que si, à partir de 1801, le calme et une apparence de prospérité étaient revenus dans la Colonie, ce résultat n'était pas dû exclusivement aux mesures qu'avait prise l'Assemblée coloniale, ni même à la paix qui dura si peu : la vraie cause était ailleurs : la République se mourait, si elle n'était morte. Le 14 mars 1803 le comité administratif se hâtait de faire publier le sénatus-consulte du 2 août 1802 qui proclamait le consulat à vie et même la constitution du 16 thermidor (4 août 1802) quoique à l'égard de celle-ci nous eussions peu à prétendre : les Colonies n'y étaient pas seulement nommées.

§ 5. — DE L'ARRIVÉE DU CAPITAINE GÉNÉRAL DECAEN A LA RÉTROCESSION DE L'ILE PAR LES ANGLAIS. — 1803 à 1815.

Enfin le 26 septembre 1803, M. Decaen arriva à l'île de France avec le titre de capitaine général et l'arrêté consulaire du 2 février 1803 (13 pluviôse an XI), fut promulgué à Bourbon le 14 octobre suivant : cet arrêté était une organisation à la Bonaparte. Assemblées coloniales, municipalités, citoyens actifs, vote universel, etc., on ne se donne même pas la peine d'en prononcer la suppression, on n'en parle pas : ils n'existent pas : et voici ce qui existe : d'abord, au point culminant, un capitaine général qui a sous ses ordres immédiats les forces de terre et de mer : il communique avec les gouvernements des pays ou alliés, ou neutres, ou ennemis au-delà du Cap de Bonne-Espérance ; il nomme aux emplois vacants ; mais il ne peut rien entreprendre sur les fonctions des tribunaux ; seulement, par compensation, il a la faculté de surseoir en tout ou partie à l'exécution des lois.

Après le capitaine général vient un préfet colonial qui a sous sa direction l'administration civile et la haute police, les contributions, les douanes, les recettes, les dépenses, l'entretien des troupes, les hôpitaux, les bagnes, les domaines nationaux, l'inscription maritime, l'agriculture, le commerce, l'instruction publique, le culte, la presse, enfin tout ce qui était précédemment attribué aux intendants soit en particulier, soit en commun avec les gouverneurs.

Un commissaire de justice faisait aussi partie de l'administration supérieure. Ses attributions, fort effacées, comparativement à celles du préfet, se renfermaient presque dans la surveillance des tribunaux et des officiers qui s'y rattachent. Il avait en outre le droit de présider les tribunaux toutes les fois qu'il le jugeait convenable, et surtout il était chargé de la police envers les perturbateurs de la tranquillité publique, contre lesquels il délivrait des mandats d'arrestation, ce qui relevait son importance ; un homme qui *proprio motu* a le droit de vous qualifier de perturbateur et de vous faire mettre en prison, a toujours une certaine valeur. D'ailleurs on allait avoir à promulguer et à faire fonctionner toute une législation nouvelle, le code civil et ses accessoires, ce qui nécessitait le secours d'un jurisconsulte avec une position hiérarchique suffisamment élevée. Ces fonctions de commissaire de justice eurent la bonne chance de tomber tout d'abord entre les mains d'un homme d'une capacité réelle. Le sieur Crespin n'était qu'intérimaire ; mais il devint si bien et si vite indispensable que son intérim fut prolongé pendant plusieurs années, même, si nous ne nous trompons, il n'y eût jamais d'autre commissaire de justice que lui.

L'arrêté du 2 février 1803 traita Bourbon tout à fait cavalièrement et ne lui fit qu'une part fort modeste. Le commandant de l'île, auquel on conserva par politesse, dans le langage ordinaire, le nom de gouverneur, n'était qu'un lieutenant du capitaine général. Le chef d'administration, qu'on appela le sous-préfet, recevait son impulsion immédiate du préfet et n'avait, dans sa main, absolument parlant, que les détails du service courant.

A l'égard du commisssire de justice, ses attributions étaient directes sur les deux îles.

L'île Bourbon perdait donc l'existence propre, et comme on aime à le dire aujourd'hui autonomique dont elle avait joui depuis la révolution : elle rentra dans la subordination de l'île de France à ce point qu'elle ne fut plus considérée que comme une sorte de ferme destinée à produire exclusivement pour la prospérité de sa voisine. Ce système était sans contredit antérieur à la Révolution, mais il avait alors ses tempéraments. L'ancienne monarchie, qui invoquait le droit comme principe d'existence, n'osait guère choquer ouvertement le *droit* et *la justice* parce que c'eût été se saper dans ses propres fondements, et la tourbe en profitait ; par suite, les agents royaux envoyés aux colonies étaient tenus, bien malgré eux, à une certaine réserve, et leur procédés n'eurent jamais le sans-façon brutal de ceux de M. Decaen. La guerre, il est vrai, avait été déclarée de nouveau le 16 mai 1803, et nous sommes les premiers à reconnaître que dans l'intérêt de la patrie commune, Bourbon devait fournir à l'île de France, centre des ressources et du mouvement militaire, sa large contribution pour l'entretien d'une marine qui, dans nos mers, a eu ses jours d'éclat ; mais il y a une mesure en tout et nous ajoutons que la mesure a été trop souvent dépassée.

Le général Magallon fut chargé d'inaugurer le nouveau système à Bourbon : nommé le 27 septembre il était installé et prenait possession de son gouvernement le 18 octobre suivant.

François Louis Magallon, comte de Lamorlière, était né

à l'Ile-Adam (Seine et Oise), en 1754 : entré au service à l'âge de 14 ans, il fit de 1769 à 1771 les campagnes de la Corse sous les ordres du comte de Marbeuf par la protection duquel le jeune Bonaparte fut admis, à l'âge de huit ans, au collége de Brienne. Le comte de Lamorlière servit pendant la révolution et notamment en 1792 et 1793 dans les armées du Rhin et du Nord. En 1795, il devenait général de division et s'embarquait le 8 décembre avec le commandement des troupes expéditionnaires de l'escadre de l'amiral Sercey. Nous avons vu avec quelle dignité il repoussa les propositions anarchistes des agents du Directoire Baco et Burnel. A la mort de M. Malartic, il prit le commandement des îles de France et de Bourbon et sut s'attirer le respect et les sympathies de la population. En 1803, il passa en qualité de gouverneur à l'île Bourbon, où il resta jusqu'en 1806, époque à laquelle il rentra en France pour servir activement jusqu'en 1814. Décoré de la croix de commandeur de la Légion d'honneur par Louis XVIII, il mourut en 1825.

Le nouveau gouverneur n'était pas encore arrivé à Bourbon que déjà, par ordre de M. Decaen, le 3 octobre, on avait rétabli la division civile et militaire du territoire, par quartiers, telle qu'elle existait en 1789 : un peu plus tard (nivôse an XIII), on créa ce qu'on voulut bien appeler des conseils de commune, dont toutes les attributions se bornaient à la vérification des recensements et à *l'examen des projets pour l'avantage des quartiers*, bien entendu d'ailleurs que le major de la garde nationale faisait, de droit, partie du conseil. La garde nationale elle-même avait été réorganisée tout d'abord, le 1er frimaire an XII. La légion républicaine avec ses officiers électifs fut mise assez sagement de côté ; il n'y eut plus que des compagnies ; et dans chacun des chefs-lieux un commandant militaire, avec le titre de capitaine commandant de quartier.

A l'égard de la justice on promulgua, en octobre 1803, l'arrêté consulaire du 26 mars précédent qui remettait les tribunaux toujours sur le pied où ils étaient avant 1789. Juges de paix et jurés disparurent, mais on n'exhuma point le titre de Conseil supérieur et encore moins celui de Juge-Royal ; on resta Cour d'appel et Tribunal de première instance, sans robe ni mortier et tout au plus avec une ganse d'or au chapeau, sorte de cocarde civile à cette époque militaire. La Cour, composée d'un président, d'un vice-président, de trois juges, de deux suppléants et d'un procureur général, dit commissaire du gouvernement, fut installée le 18 octobre, le jour même où M. Magallon entrait en fonctions. Une fois pourvue d'une organisation judiciaire complète et qui avait régulièrement fonctionné avant 1789, l'Administration coloniale n'en jugea pas moins à propos, sans qu'on puisse bien expliquer ses motifs, de créer, le 2 décembre 1803, un *tribunal spécial criminel* destiné à prononcer exclusivement sur les crimes et les délits commis par les esclaves. Ce tribunal formé d'éléments hétérogènes, n'offrait, ni dans sa composition, ni dans son mode de procéder, aucune sécurité pour les malheureux qui relevaient de lui. Trois magistrats, trois militaires et trois citoyens siégeant ensemble, appréciaient le fait et appliquaient la loi. Si l'un d'eux venait à manquer, un autre à l'instant devait s'abstenir afin qu'on fût toujours en nombre impair : peu importait que la majorité légale, pour la condamnation, s'en trouvât réduite ; le législateur colonial, comme le Dieu du poëte, aimait le nombre impair. Du reste, les débats pouvaient avoir lieu à huis-clos, l'instruction était rapide et la décision définitive et sans appel. En tout ceci, comme on le voit, on rejetait fort loin la règle jusques alors admise que l'accusé esclave avait droit, en justice, aux mêmes garanties que le citoyen. Ce *tribunal spécial criminel* dura jusqu'en 1817 : le gouvernement royal, dont il choquait les idées et les principes, se hâta de le supprimer et de rétablir la justice *une pour tous*. S'il fit encore une distinction quant aux esclaves, ce fut pour abaisser considérablement en leur faveur l'échelle des pénalités, par ce motif que leur intelligence, leurs habitudes et leur position sociale étaient telles, que nombre de faits qui, imputés à des hommes libres, exigeraient une extrême rigueur, pouvaient ne mériter qu'un châtiment ordinaire lorsqu'il s'agissait d'esclaves (Ordonnance du 25 septembre 1825.)

Les colons étaient tellement fatigués du gouvernement populaire et des agitations stériles qu'il avait entretenues que la disparition de l'Assemblée coloniale inspira peu de regrets et qu'on accueillit favorablement le gouvernement fort et unitaire qu'introduisait l'arrêté consulaire de février 1803. C'était passer d'un extrême à l'autre. On ne tarda pas à s'en apercevoir. Des assemblées coloniales, quelque nom qu'on leur donne, servent toujours utilement quand elles sont placées à côté des administrations locales composées, le plus souvent, de personnes nouvelles au pays et qu'il faut instruire et éclairer ; mais ces assemblées n'atteindront ce but avantageux qu'autant que leur mode de formation aura été tel, que les hommes sérieux et sachant s'occuper d'affaires y aient accès, ou seuls, ou en grande majorité. Les prétentions politiques aux Colonies, pour être puériles, n'en ont pas moins été des causes d'embarras intérieurs et d'obstacles aux affaires fructueuses.

Un fait d'hygiène publique marqua l'année 1803. Ce fut

l'introduction de la vaccine aux îles. Elle fut apportée à l'île de France le 12 avril par le sieur Deglos, capitaine de marine marchande, natif de Honfleur. Les ravages que la variole avait faits pendant plusieurs années étaient encore si présents à la mémoire de tous que les autorités de Port-Louis jugèrent indispensable, par mesure de précaution, de mettre d'abord Deglos en quarantaine à cause de la vaccine qu'il déclarait avoir à son bord. La vérité est qu'elles ne tardèrent pas à s'humaniser ; néanmoins on ne tint compte à Deglos, ni matériellement, ni honorifiquement du bienfait que les colonies orientales venaient de recevoir de lui. La conservation du vaccin n'est pas toujours chose facile, et l'était moins encore aux années de début. Jenner n'avait publié sa découverte qu'en 1796 : aux difficultés de l'inexpérience s'étaient jointes, pour Deglos, celles qu'entraînaient l'état de guerre et un voyage de plusieurs mois par le Cap de Bonne-Espérance : au reste, la vaccine ne rencontra pas aux colonies la résistance qu'on tenta de lui opposer en Europe. Elle fut, presque aussitôt son arrivée, portée de l'île de France à Bourbon.

Cette dernière colonie ne tarda pas à savoir ce que pesait la main du capitaine général Decaen. Dès le milieu de 1804 les droits de douane furent considérablement augmentés. Le café qui n'était taxé qu'à 2 f. 50 par balle le fut à 5 et peu après à 7 francs. Le coton, au lieu de 7 f. 50 par 50 kilogrammes, eut à payer moitié en sus et ensuite le triple, soit 22 f. 50. Le girofle fut plus favorablement traité, on le maintint au droit de dix francs, avec cette seule circonstance qu'il dût acquitter en plus, au moment de l'embarquement sur navires neutres, les droits qu'il aurait à payer au moment du débarquement en France, sans qu'il apparût que la douane de France se le tiendrait pour dit. Or, c'étaient les neutres seuls qui étaient alors chargés de notre commerce maritime, de sorte que l'imposition, malgré son apparence exceptionnelle était, au fond, générale et absolue. Presque toutes les dispositions qui précèdent, concernaient, il est vrai, Maurice aussi bien que l'île Bourbon ; mais il était impossible que celle-ci ne fût pas un peu maltraitée. On y pourvut : café, coton, girofle étaient des denrées qu'elle produisait seule ou en bien plus grande abondance que l'île de France; par suite, il y avait à son profit des droits de sortie assez considérables. Il parut juste et naturel que l'île de France bonifiât de la moitié de ces droits ; aussi fut-il ordonné que les denrées coloniales de l'île Bourbon, transportées à l'Ile de France, pour y être définitivement expédiées, payeraient seulement la moitié des droits à la caisse de Bourbon et que l'autre moitié serait payée à l'île de France. Pour assurer à cette dernière un émolument si légitime, en empêchant les expéditions directes de Bourbon, on eut soin d'édicter que, dans ce dernier cas, la marchandise serait grevée d'un double droit.

Les arrêtés de 1804 et surtout celui du 28 septembre 1806, dont nous venons de donner l'analyse, achevèrent d'anihiler le peu de commerce qui restait à Bourbon : M. Decaen, qui n'est jamais venu dans cette dernière île, obéissait avec une déplorable facilité aux suggestions de la population au milieu de laquelle il résidait et qui, tout naturellement, s'efforçait d'améliorer sa position aux dépens de ses voisins. Il serait trop long d'enregistrer tout ce qu'il se permit dans cette voie. Indiquons seulement un arrêté du 23 juillet 1807 qui réserva la fabrication des rhums et des aracks à l'île de France, et l'interdit formellement à Bourbon, et cela parce que les habitants de cette dernière Colonie commençaient à s'occuper de distillation et que l'importation des spiritueux de l'île de France, auparavant considérable, était déjà tombée au chiffre insignifiant de 5,000 veltes (37,250 litres). Sans le système oppressif qui fut adopté à notre égard et qui eut pour résultat politique de désaffectionner la population, il est permis de croire que Bourbon n'eût pas tardé à réparer ses pertes premières et à refaire sa position. Au mois d'avril 1804, l'administration locale fournissait un document qui, relativement du moins, était satisfaisant : les produits de la Colonie étaient évalués comme il suit : 2,560,000 kil. café à 1 fr. le kilog., 72,000 kil. de girofle à 3 fr., 92,000 kil. de coton à 2 fr. 25 c., et enfin 72,000 kil. de blé à 30 fr. les 100 kil. Les deux tiers de cette quantité étaient fournis exclusivement par St.-Pierre, et la presque totalité était exportée à l'île de France, le maïs étant la base de la nourriture pour la population locale : les autres produits de l'île étaient à peine indiqués par l'administration ; mais tous les articles réunis présentaient, à l'évaluation, 661,700 piastres à 5 fr. 50 c. l'une, soit 3,661,350 fr., ce qui serait actuellement peu de chose et qui, alors, comptait pour beaucoup, soit à cause de la haute valeur de l'argent, résultat des temps, soit à cause du mode de production. Ces 3,661,350 fr. constituaient un produit net : la main-d'œuvre restait en dehors comme faisant partie du capital ; le sol nourrissait les cultivateurs, les usines étaient inutiles et inconnues, en un mot, la faisance valoir se réduisait à peu de chose. Les douanes, avant l'aggravation des tarifs, avaient produit 352,757 fr. nets, et le total de tous les impôts (toujours en 1804), était de 637,000 fr. Ce chiffre, on le conçoit, ne dut pas tarder à s'accroître : le 12 septembre 1804, M. Decaen frappa une capitation sur les esclaves, soit 1 fr. 37 c. pour les noirs dits d'habitation, c'est-à-dire attachés à la culture, et 5 fr. 50 pour les noirs de ville. L'impôt sur les immeubles urbains, également ordonné, ne portait que sur les quatre chefs-lieux : avec la plus extrême bonne volonté, il n'aurait pas pu être étendu au-delà. Il fut fixé à 1/2 pour 100 de la valeur d'estimation. Les anglais le portèrent à 1 pour 100. La restauration le ramena à moitié ; il est aujourd'hui de 3/4 pour 100.

A tout prendre, 1 fr. 37 c. par tête d'esclave, 1/2 pour 100 sur les maisons de ville, ce n'était pas trop. Mais la forme suppléa au fond. L'impôt était payable d'avance pour l'année : le notaire ne pouvait faire d'actes, l'huissier ne pouvait faire d'exploits, le juge ne pouvait rendre de décisions, si l'acquit des impositions n'était pas préliminairement exhibé : une sorte d'excommunication civile frappa le contribuable retardataire : ce ne fut qu'à la Restauration qu'on reconnut dans le simple retard, envers le fisc, non un fait de mauvaise foi, mais le plus souvent un fait d'impossibilité qui ne devait pas être aggravé par une pénalité directe ou indirecte

M. Decaen n'eut pas, en 1805, la main aussi malheureusement rude que précédemment ; il établit l'impôt du timbre sur le papier destiné aux actes civils et aux valeurs commerciales ; le tarif ne fut pas exagéré, à cette condition le timbre a toujours passé pour un impôt très-convenable.

On doit rendre encore cette justice à M. Decaen que, malgré les difficultés extrêmes résultant de la guerre et qu'augmentaient peut-être pour lui le mauvais vouloir personnel du ministre de la marine Decrès, il ne voulut jamais faire appel aux valeurs de crédit dont le souvenir récent du papier-monnaie eût rendu, il est vrai, le placement difficile. Réduit aux dernières extrémités, il établit au Port-Louis, à la fin de 1809, ou au commencement de 1810, un balancier monétaire et fit frapper une certaine quantité de pièces d'argent dont quelques-unes se rencontrent encore aujourd'hui aux mains des curieux. Elles portaient sur la face l'aigle couronné, foudre en griffes, avec la légende *îles de France et de Bonaparte*, et au revers l'indication de la valeur, 10 *livres*, entourée de deux branches de laurier ; au bas, le millésime 1810. La pièce pesait, en moyenne, 26 gr. 32 c. Le titre en était bien supérieur à celui de la monnaie française, c'est-à-dire au-delà de 900 millièmes de fin. En définitive, elle valait beaucoup plus que les 10 livres coloniales qu'elle indiquait.

L'année 1805 fut une année Napoléonienne : déjà vers la fin de 1804 un navire américain, parti directement de Lisbonne, avait annoncé que Bonaparte était empereur : la nouvelle officielle marcha avec plus de lenteur et arriva assez tard, mais enfin elle arriva. Le sénatus-consulte organique du 28 floréal an XII (18 mai 1804), fut promulgué : on avait oublié l'hérédité ; aussi eut-on à publier encore, le 21 avril 1805, le sénatus-consulte du 6 novembre 1804, qui déclarait que le peuple français entendait que la dignité impériale fût acquise à la postérité de Napoléon Bonaparte, et même, est-il ajouté, à la postérité naturelle de Louis-Bonaparte : le mot de postérité légale eût été postérieurement trouvé plus exact. M. Decaen ne se borna pas à publier ; il se mit en frais d'enthousiasme et, dans une proclamation dithyrambique, datée du 8 août, il fit connaître le sacre du 2 décembre précédent et apprit aux colons : « Qu'un être bienveillant régnait sur eux par l'as-
« cendant de ses vertus et sous les auspices du Maître de
« l'univers. » Tout cela pouvait raisonnablement se dire à cette époque : il n'y avait encore qu'une tache.

Le fait capital de l'année 1805, aux Colonies orientales, a été, selon nous, la promulgation du Code civil. Rendons ce témoignage à M. Decaen qu'il l'a faite sans attendre les ordres de la métropole : elle est du 17 octobre 1805, avec un délai de quinze jours pour l'exécution. En même temps (23 octobre), fut publié l'arrêté supplémentaire pour l'application du Code aux îles. Cet arrêté, d'une rédaction claire et sobre et dont plusieurs articles sont encore en vigueur, aurait été irréprochable sans la malheureuse idée qui s'y est glissée d'établir une distinction dans la population libre par la création de deux registres de l'Etat civil, dont l'un serait réservé à la population blanche : c'était, en effet, offenser gratuitement, par voie d'exclusion, des citoyens honnêtes dont la conduite politique, pendant les orages de la révolution, avait été très-sage ; c'était surtout donner naissance aux animosités et susciter un dangereux antagonisme d'origine.

Le 1er janvier 1806, le calendrier grégorien fut remis en usage à Bourbon comme dans la métropole. Le décret du 22 fructidor an XIII, qui l'ordonnait, était arrivé et avait été publié en temps opportun. Le même mois, le général Magallon Lamorlière remettait l'administration coloniale au général de Brulys, nommé gouverneur de Bourbon, par arrêté du capitaine général du 3 janvier. Dès le 15 août suivant, jour de la fête de sa majesté l'empereur et roi, ce nouvel administrateur fit, avec beaucoup de solennité, la distribution aux gardes nationales de leurs drapeaux et, séance tenante, proclama ce qu'on appela le *vœu des habitants* pour que l'île de la Réunion portât désormais le nom d'île Bonaparte ; vœu qui, le 26 septembre suivant, sans autre retard, fut accepté et *ordonné* par M. Decaen. La journée du 15 août se termina néanmoins d'une manière assez fâcheuse. A peine la nuit était-elle faite que les anglais enlevèrent en rade de Saint-Denis un navire marchand, la *Turlurette*, qui venait d'arriver de France avec un riche et complet chargement de marchandises. Ce n'est pas que la résistance n'ait été acharnée et que, notamment, un de nos créoles, du nom de Monchéry, ne s'y soit particulièrement distingué ; mais l'ennemi était en force et, finalement, le 15 août 1806, nous gagnâmes le nom d'île Bonaparte et perdîmes la *Turlurette*.

Les éléments, de leur côté, ne nous épargnaient pas : les premières années du siècle avaient été assez favorisées ; les ouragans semblaient avoir disparu ; et l'on se plaisait à croire qu'il en serait ainsi pour longtemps : cet optimisme ne dura guère. Le 21 février une violente tempête se leva du Nord : elle ne dura, à la vérité, que six heures, mais ce temps lui suffit à son œuvre. De sept navires, la plupart américains, qui se trouvaient en rade de St.-Denis, deux sombrèrent : les cinq autres furent jetés à la côte et totalement perdus. Vingt et un jours après, le 11 mars, un autre ouragan se déclara soufflant de l'Ouest. Il dura trente heures avec la même violence et compléta les désastres de celui de février. La récolte de café s'annonçait comme devant être extrêmement belle, elle fut entièrement perdue. Les caféiries elles-mêmes commencèrent dès ce moment à déchoir ; et l'on sait qu'à l'heure actuelle, elles sont loin d'avoir repris, ne fut-ce que très-partiellement, leur prospérité première.

Deux coups de vent, presque coup sur coup étaient, certes, plus que suffisants pour éprouver la Colonie. Elle eut encore à subir un phénomène météorologique tel dans son intensité et sa durée qu'on n'en avait jamais vu et qu'on n'en revit plus heureusement de semblable. Du 12 au 23 décembre 1806, il y eût une chûte d'eau extraordinaire : le 26, la pluie recommença et dura jusqu'au 6 janvier 1807. Pendant douze jours l'eau tomba par torrents et sans interruption. Ce fut ce qu'on appela dans un sens absolu « *l'avalasse* » dont les témoins oculaires, longtemps encore après, ne parlaient qu'avec une sorte d'effroi. Les eaux acquirent, par leur masse et par la déclivité générale de l'île, une force d'impulsion dévastatrice. Le sol fut lavé, RACLÉ jusqu'au tuf : toutes les cultures furent déracinées et entraînées. Pour achever de tout faire périr, une sécheresse opiniâtre succéda à *l'avalasse* et aboutit, le 14 mars, à un ouragan de plusieurs jours qui aurait mis le comble à la dévastation si quelque chose était resté à dévaster. A la suite de si cruelles perturbations atmosphériques la végétation apparut comme si elle avait été brûlée, phénomène qui s'est reproduit en partie en 1829. La récolte des grains manqua complétement : il n'y eut pas disette, il y eut famine. La Colonie ne comptait alors que sur elle-même pour son alimentation : la guerre nous fermait les greniers de l'Inde et rendait difficile l'accès des riz de Madagascar. On vendit ceux de cette dernière provenance 90 francs les 50 kil. Le maïs était à 25 francs les 50 kil. également. Ces prix qui paraîtraient exhorbitants aujourd'hui l'étaient en réalité bien davantage à une époque où l'argent était rare et si cher. Les esclaves, les individus libres de la classe infime mouraient littéralement de faim. Pendant trois mois la police, dans la partie du Vent, fut constamment occupée à faire ce qu'on appelait *des levées de cadavres*, c'est-à-dire à constater les décès survenus par inanition dans les champs et au bord des chemins. Les moins malheureux vivaient de blé bouilli, pour économiser, de racines de safran marron (cana indica), de feuillages et des sommités de la fougère arborescente qui ont quelque rapport avec le chou du palmiste, mais qui ne fournissent qu'un aliment malsain et peu réparateur. Dans cette détresse, le gouvernement se borna à prescrire que chacun vint déclarer administrativement la quantité de grains qu'il avait en grenier; c'était une mesure sans portée aucune ; d'autre part, que pouvait le gouvernement ? (1)

On croira avec peine qu'au milieu de tant de misères, il y eut encore place pour des troubles spontanés. Ce fut pourtant le cas. Le 30 juillet, l'ordre fut sérieusement compromis dans la ville de St.-Denis par une cause ridicule. Un médecin assez jeune, s'avisa d'épouser une veuve fort âgée, mais fort riche ; la canaille de la ville pensa que c'était ou jamais un cas de charivari, et le charivari eut lieu. On ne respecta pas les clôtures, on pénétra dans la cour intérieure des nouveaux époux : le mari, alors, tira sur la foule plusieurs coups de pistolet : c'était son droit, il y avait violation de domicile en bande, et la nuit. Le médecin, cette fois, ne tua personne, mais il blessa quelques-uns des tapageurs et aussi quelques curieux, ce qui amena une extrême exaspération. Le gouverneur dut intervenir : au surplus la leçon porta fruit. De ce jour, la coutume des charivaris fut totalement perdue à Bourbon : quelques coups de pistolet firent chez nous ce que n'avaient pu faire en France de nombreux arrêts de parlements, et même si nous ne nous trompons, les décrets d'un concile national (Tours.)

---

(1) Le récit que nous venons de faire des calamités de 1807, pourrait paraître exagéré : nous tenons à indiquer nos autorités, ce sont : MM. J.-B. Pajot, Charles Desbassayns, Remy Lanchon et surtout Dary de Lanux dans un mémoire judiciaire fourni en 1824 et 1825.

A la fin de 1807, la position coloniale ne s'était pas améliorée. Cependant la valeur des esclaves se maintenait entre 900 et 1,000 fr.; ce qui représenterait le double aujourd'hui en se basant sur le revenu des capitaux. L'intérêt conventionnel était, en effet, à 16 pour 100 : la loi sur le taux de l'intérêt (du 3 septembre 1807) n'avait pas encore été promulguée ; elle le fut bientôt après, mais elle n'empêcha pas que l'argent ne fût longtemps couramment à 12 pour 100 dans les transactions civiles et couramment aussi à 18 pour 100 dans le commerce.

En 1808, vers le mois de décembre, on jugea bon de promulguer purement et simplement, aux colonies, le sénatus-consulte du 12 octobre 1807, par lequel les provisions qui instituaient les juges à vie, ne devaient leur être délivrées qu'après cinq ans d'exercice, si jusque-là on avait été content d'eux. Cette disposition n'était pas tout à fait nouvelle : l'inamovibilité pure et simple n'a été définitivement accordée aux magistrats coloniaux que par l'ordonnance de Louis XVIII du 13 novembre 1816, promulguée le 2 juillet suivant. Mais, en 1807, il s'agissait moins de la bonne administration de la justice que de l'asservissement de la magistrature ; on y fit peu d'attention hors du cercle assez restreint alors de la judicature et de ses annexes. Il en fut de même de la loi du 16 décembre 1807 sur les travaux publics, sur les expropriations et sur les indemnités à accorder aux propriétaires dépossédés. On en publia les principales dispositions, et, à proprement parler, il n'y avait pas urgence. Le fait passa presque inaperçu, si bien qu'en juillet 1823, ordre fut envoyé au gouverneur de Bourbon de publier, comme fruit neuf, la loi du 8 mars 1810 sur le même sujet, ce qui fut fait immédiatement et très-inutilement ; de 1823 à 1856 on n'eut pas occasion de faire une seule fois l'application de la loi nouvelle. En 1856, il y eut encore changement : un gouverneur, qui aimait à commencer, sauf la fin, visait à l'établissement d'un parvis devant la cathédrale qui n'en aura pas besoin de longtemps et dont il avait posé la première pierre ; on se trouva en face d'un propriétaire récalcitrant, et pour en avoir plus lestement raison, on mit de côté la loi de 1810 et on publia la loi plus expéditive qui avait été nouvellement votée en France sur la matière.

Quelles que pussent être les dispositions intérieures qu'à l'époque où nous sommes rendus, il convenait à M. Decaen de prendre, aussi bien que les lois et arrêtés qu'il publiait, la population de Bourbon s'en plaignait quelquefois, mais ne s'y arrêtait pas : les préoccupations étaient à l'extérieur. En 1808, comme en 1809, les Anglais maintinrent une croisière presque constante sur nos côtes. La possession du Cap de Bonne-Espérance, enlevé aux Hollandais en 1806 par le général Baird, leur offrait de grandes facilités à cet égard. Les communications entre les deux îles étaient devenues impossibles, ou au moins très difficiles. Les ennemis se bornèrent d'abord à croiser : bientôt ils en vinrent à des actes d'agression. Commençant par Saint-Gilles, ils y firent une descente, détruisirent une batterie où il n'y avait personne, et dévastèrent les enclos de quelques malheureux pêcheurs, seuls habitants alors de la localité. En 1809 (le 16 août), ils opérèrent un peu plus sérieusement à Ste.-Rose ; ils y débarquèrent 300 hommes, détruisirent une batterie gardée par 13 canonniers et se rembarquèrent non sans avoir exercé leurs déprédations dans les habitations du voisinage. Le fait total leur parut d'ailleurs assez glorieux pour que, plus tard, lorsqu'ils furent maîtres de l'île, ils érigeassent, à Ste.-Rose, une pyramide minuscule, il est vrai, mais commémorative, qui existe encore, si nous ne nous trompons.

En septembre de la même année 1809, nouveaux événements : mais cette fois très-graves. Depuis le mois de juillet la frégate la *Caroline*, commandée par le lieutenant de vaisseau Fertier, était mouillée dans la rade de St.-Paul avec deux navires de la Compagnie anglaise des Indes, l'*Europe* et le *Stratheim*, qu'elle avait capturés dans les mers du Bengale. La croisière anglaise, qui existait devant l'île de France, s'opposait à ce qu'on gagnât le Port-Louis. Les ennemis eurent tout le temps nécessaire pour se préparer à une attaque. Le 21 septembre une de leurs divisions, forte de cinq frégates, d'un vaisseau de ligne et de trois corvettes, après avoir débarqué pendant la nuit 900 hommes, vers l'embouchure de la Rivière des Galets, vint aux premières lueurs du jour attaquer, dans la rade de St.-Paul, la *Caroline* et les deux navires qui s'y trouvaient avec elle. Malgré l'énorme disproportion de forces, le combat fut opiniâtre, mais il fallut céder au nombre. La frégate française tomba au pouvoir de l'ennemi avec ses deux prises. En même temps qu'on se battait dans la rade, les troupes débarquées à la pointe des Galets marchaient sur la ville de St.-Paul, sans éprouver d'autre résistance que celle d'une batterie qui leur fit perdre du monde, mais qui n'eut pas le temps de redoubler son feu. La ville était sans garnison : à peine quelques gardes nationaux avaient-ils pu prendre les armes ; seulement les matelots de la *Caroline*, qui avaient débarqué, maintinrent encore à terre une résistance de tirailleurs pendant quelques heures. Avant midi, les anglais étaient maîtres des lieux. De son côté M. de Brusly, gouverneur de Bourbon, appelait à Saint-Denis les gardes nationales de la partie du Vent et se mettait en marche avec elles pour St-Paul : il dut s'arrêter en route et ramener à Saint-Denis le peu de forces dont il disposait, de peur que cette ville ne fût à son tour attaquée. Les anglais restèrent donc maîtres de St-Paul et l'occupèrent pendant quelques jours sans être inquiétés. Enfin ils s'éloignèrent, mais non sans avoir incendié, dès qu'ils eurent mis pied à terre, et comme mesure première, les magasins dans lesquels avaient été déposées toutes les marchandises débarquées de l'*Europe* et du *Stratheim*. M. Decaen avait défendu qu'elles fussent vendues à Bourbon, sauf ce qui était avarié ou de basse qualité et quelques pipes de vin : ce rebut produisit encore 525,000 francs. Tout le reste, et il y en avait pour plusieurs millions, fut perdu. En effet, les cargaisons des deux navires capturés se composaient, indépendamment de toileries et d'un grand nombre d'autres articles, de 1,698 caisses d'indigo, de 80 caisses de laque en morceaux comme l'indigo, de 11,000 sacs de salpêtre, de 1,843 ballots de soieries, de 1,499 ballots de marchandises riches et d'un grand nombre de ballots renfermant des mousselines, des cachemires, des turbans, etc., etc.

Le général Decaen, soit simple prévoyance, soit renseignements acquis sur les projets de l'ennemi, avait prescrit au général de Brusly de se porter à St.-Paul et d'y stationner avec toutes ses forces disponibles. M. de Brusly, de son côté, ne se pressa pas d'obéir. N'était-il pas à craindre que si on abandonnait le chef-lieu où se trouvaient concentrées les armes, les munitions et toutes les ressources défensives, les Anglais, toujours si bien informés de ce qui se passait chez nous, au lieu de s'attaquer à St.-Paul n'eussent enlevé la ville de Saint-Denis, et au lieu d'une simple entreprise locale n'eussent fait un coup d'ensemble qui les aurait rendus maîtres de toute la Colonie? Quoi qu'il en soit, le gouverneur ne se déplaça point, et se borna à envoyer à Saint-Paul le sous-préfet Marchant qui s'y trouvait au moment de l'attaque et qui réussit à s'échapper. Si valables qu'aient pu avoir été les motifs de M. de Brusly pour ne pas obéir aux ordres venus de l'île de France, il ne voulut pas accepter les conséquences de son inaction, sa tête s'exalta et il mit lui-même fin à ses jours et à une existence militaire qui avait été des plus brillantes. Né le 14 août 1757, d'une famille noble du Limousin, Nicolas Esnault de Brusly entra à 18 ans dans les gardes du corps du Roi : en 1781 il partit pour l'Inde où il fit la guerre de l'indépendance ; et en 1786 pour la Turquie et la Perse avec une mission du gouvernement. Nommé capitaine-commandant en 1792 dans l'armée du centre, il se trouva à l'attaque de la *Croix au bois*, rallia plusieurs fois et ramena à l'ennemi des bataillons rompus, et en sauva quatre autres qui allaient être enveloppés. Le lendemain, à l'affaire de Monthéatin, il sauva encore les équipages de l'armée. Major général de la tranchée, au siége de Namur, il conduisit la colonne d'attaque, monta le premier à l'assaut et emporta le fort Villate. Il reçut à ce siége deux blessures et une troisième très-grave au siège de Maëstricht. En 1793, il était général de brigade et donna sa démission pour ne pas être témoin de la mort de ses frères arrêtés à Quiberon. Rentré au service en 1796 et chargé du commandement des côtes de l'Ouest, il refusa les épaulettes de général de division, ne voulant, disait-il, les obtenir qu'à l'armée. En 1799, le général de Brusly se trouva sous les ordres de Moreau aux journées de Fribourg et de Riberack (25 avril et 9 mai 1800); avec une seule brigade, il emporta et conserva les villages qui formaient les avant-postes de l'armée. Bientôt chargé de la mission importante de défendre les positions intermédiaires et de maintenir les communications par le Saint-Gothard entre l'armée de Moreau et celle d'Italie, il bloqua Ingolstadt et allait forcer cette ville, lorsqu'elle fut cédée à la France par la paix de Lunéville. Il passa ensuite aux îles et fut fait général de division.

Le 9 octobre, le colonel de Ste.-Suzanne vint prendre le gouvernement de Bourbon, à la place de M. de Brusly. C'était un acte d'abnégation et de dévouement dans la position extrême où se trouvait la colonie, négligée et abandonnée depuis longtemps par M. Decaen. Il était évident, en effet, que nous ne tarderions pas à succomber. L'attaque et l'occupation de St.-Paul avait donné aux ennemis la mesure de notre faiblesse. M. de Ste-Suzanne ne put que se débattre au milieu des difficulté sans nombre, et user sesefforts contre l'impossible jusqu'au 9 juillet 1810, date de la prise de l'île Bourbon par les anglais.

Le 7 de ce mois, une escadre ennemie se présenta devant Bourbon ; elle comptait 20 navires de guerre ou de transport sous les ordres du commodore Rowsley et portait 1,800 soldats européens et mille huit cent cinquante cipayes formant, avec l'adjonction des marins de débarquement, un total agressif de cinq mille hommes. Cette expédition avait été organisée par M. Gilbert Elliot, comte de Minto, qui, après plusieurs missions diplomatiques dans lesquelles il s'était mis en rapport avec Paoli pour livrer la Corse aux anglais, avait accepté de Fox, peu de semaines avant la mort de celui-ci, le gouvernement général de l'Inde. Il confia le commandement supérieur de toutes les troupes destinées à agir contre Bourbon au lieutenant-colonel, depuis major général, Keating, irlandais, appartenant à une excellente famille catholique et même catholique trèszélée : lui, il avait trouvé plus convenable d'abjurer pour faciliter son avancement.

C'était bien, cette fois, Saint-Denis, chef-lieu de la Colonie, qui allait être attaqué. M. de Sainte-Suzanne n'avait que des moyens de défense insignifiants. Ils se composaient : 1° d'une compagnie de chasseurs du régiment de l'île de France forte de cinquante hommes ; 2° de deux compagnies de gardes nationales soldées que M. de Sainte-Suzanne avait organisées dans le peu de mois de sa présence à Bourbon. L'une d'elles comptait soixante hommes ; l'autre, de trente hommes seulement, se trouvait à St.-Paul et ne prit aucune part à la défense ; 3° enfin de dix artilleurs, au total cent cinquante hommes de troupes régulières dont cent vingt seulement étaient présents au drapeau. La garde nationale, nominalement de quatre cent trente-deux hommes, n'en avait que trois cents au drapeau : elle comptait deux compagnies d'artilleurs qui offraient assez de fond, le reste valait ce que vaut la garde nationale hors des émeutes, et ne fut point engagé. Il ne s'agit d'ailleurs ici que de la garde nationale de Saint-Denis ; celles des communes de la partie du Vent préférèrent protéger chacune leur localité.

Dès le 7 juillet, dans l'après-midi, l'ennemi commença son débarquement à 5 kilomètres à l'Est de Saint-Denis, vers l'embouchure de la rivière des Pluies. Ce point n'était pas gardé ; s'il l'avait été, les circonstances nous eussent favorisés : la mer en ce moment était très-houleuse, un navire de transport manqua son mouillage et fut jeté à la côte ; plusieurs chaloupes furent brisées sur les galets du rivage. L'opération du débarquement dut être suspendue : reprise le lendemain, elle se termina sans difficulté, mais les troupes qui avaient pris terre la veille s'étaient donc trouvées pendant plus d'une nuit isolées de l'escadre ; toutes leurs poudres avaient été mouillées et beaucoup de leurs armes avaient été perdues ; si on avait pu les attaquer alors, on en eût eu facilement raison : malheureusement M. de Ste.-Suzanne, dépourvu de moyens de défense, avait encore moins de moyens d'agression. Le même jour, 7 juillet, une autre partie des troupes ennemies prenait terre, sans rencontrer d'obstacle d'aucun genre, à la grande Chaloupe, vers l'Ouest de la ville, à 5 kilomètres de distance. Cette position, naturellement forte, avait par cela même, été complètement négligée. Les anglais se mirent en marche sans retard et arrivèrent vers quatre heures du soir au haut de la montagne qui domine Saint-Denis à l'Ouest. Ils poussèrent même une ligne de tirailleurs sur le versant qui regarde la ville, mais vigoureusement accueillis par les gardes soldées françaises, composées de créoles qui tiraient avec une merveilleuse précision, ils furent forcés de se retirer après avoir perdu du monde.

Le 8, de bon matin, le gros du corps descendit la montagne et concentra son attaque sur la plaine dite de la Redoute : il y eut là un engagement fort vif. Une batterie de campagne servie par dix artilleurs réguliers et par des artilleurs coloniaux sous les ordres du capitaine Aubry, fit éprouver à l'ennemi des pertes assez sérieuses ; elle fut cependant enlevée et les pièces qui la composaient furent dirigées contre la ville ; la rive gauche de la rivière fut occupée ; mais les anglais n'allèrent pas plus loin et ne tentèrent point d'envahir la ville dans cette direction.

Du côté de l'Est, le colonel de Ste-Suzanne avait placé la moitié des hommes dont il disposait et, cette moitié, comme on l'a vu, se réduisait à fort peu de chose ; néanmoins, dans la matinée du 8, ayant à sa tête le commandant Soleille, du génie, elle tenta une sortie ; c'était un acte désespéré ; la grande route qu'il fallait suivre longeait une plage tout à fait découverte : la colonne de sortie se trouva exposée au feu en écharpe des navires ennemis ; il n'y avait pas à persister, il fallut rentrer dans la ville en laissant derrière soi quelques tirailleurs. Cette sortie avait eu lieu sans espérance aucune ; c'était seulement un hommage à l'honneur du drapeau ; la disproportion des forces était énorme.

Dans l'après-midi du même jour, les troupes débarquées à la rivière des Pluies se mirent en marche sur Saint-Denis : elles furent promptement rendues au Butor où nous avions à peine quelques hommes, et tournèrent la position par leur gauche. Dès-lors, la ville ouverte déjà et près d'être occupée à l'Ouest, attaquée maintenant à l'Est par des forces supérieures, ne pouvait plus être défendue. Le colonel de Sainte-Suzanne signa, dans la soirée du même jour (8 juillet), une capitulation honorable : elle comprenait l'île entière, et il n'en pouvait être autrement ; à Saint-Denis se trouvaient concentrées toutes les ressources en personnel et en matériel ; cette ville prise, la résistance sur d'autres points devenait impossible : il ne semble pas que depuis lors on ait fait la moindre attention à cette circonstance.

Le lendemain, 9 juillet, la capitulation fut exécutée. Le nom d'île Bonaparte disparut et l'on en revint à l'île Bourbon.

Au moment où l'île tombait au pouvoir des anglais, sa population était de 67,706 individus de toute sorte et de tout âge, dont 15,565 libres et 52,141 esclaves.

Les anglais, une fois maîtres de Bourbon, ne songèrent plus qu'à s'emparer de l'île de France ; nous n'avons pas à nous occuper des événements qui se succédèrent de ce côté. Mentionnons seulement le combat du Grand-Port livré le 23 août 1810. On se battit pendant trois jours à portée de voix. Deux frégates françaises sous les ordres de M. Duperré, et un navire marchand armé en guerre, détruisirent ou capturèrent quatre frégates ennemies qui étaient venues les attaquer. Ce fut un des beaux faits d'armes de notre marine dans les mers des Indes. L'esprit de parti n'en a pas moins cherché à réduire l'honneur qui en revenait à M. Duperré ; il est vrai que celui-ci accepta, en 1830, le commandement de la flotte qui nous rendit maîtres d'Alger, après que M. de R... l'eut refusé par déférence, dit-on, pour un oncle fort riche et fort ardent dans son opposition anti-royaliste.

Un nouveau combat de mer eut lieu le 13 septembre, à quelque distance devant Saint-Paul, entre les frégates l'*Iphigénie* et l'*Astrée*, sous les ordres de Bouvet, et l'*Africaine*, commandée par Corbet, que les anglais tenaient pour être un de leurs plus brillants et plus hardis marins. Il n'y eut que l'*Iphigénie*, montée par Bouvet, de réellement engagée : ce fut un combat de frégate à frégate qui dura, avec une extrême vivacité, pendant une heure et demie. L'*Africaine* amena son pavillon après avoir perdu son capitaine et la majeure partie de son équipage : sur cent grenadiers embarqués à Saint-Denis, en vue de l'action qui se préparait, 98 furent mis hors de combat. Bouvet dût, néanmoins, abandonner sa prise qui était tout à fait rasée ; sa propre frégate avait été assez maltraitée et il était en vue de Rowley qui, sur la *Boadicée* et escorté d'une corvette de 28 canons et d'un brick de 16, se dirigeait vers lui. Il y avait peu à compter sur l'*Astrée* : elle s'était faiblement conduite. Le Marant, qui la montait, blessé de n'avoir pas obtenu le commandement en chef auquel il avait prétendu, et que M. Decaen, en forçant un peu le droit, avait maintenu à Bouvet dont les capacités éprouvées étaient bien supérieures, se montrait peu disposé à contribuer à un succès dont Bouvet aurait eu la gloire.

L'*Africaine*, au moment où elle rejoignit l'*Iphigénie*, venait de Saint-Denis dont elle avait quitté la rade depuis quelques heures à peine. Corbet s'était vanté qu'il ramènerait Bouvet prisonnier : quelques officiers de terre l'avaient suivi sur cette parole fanfaronne ; il en revint peu. Un certain colonel Barry l'avait suivi aussi, mais bon gré mal gré. Cet officier avait gagné ses grades dans le service civil de l'Inde et était, pour ce fait, de la part des autres militaires, l'objet de fréquentes railleries qui ne lui firent pas défaut à un repas offert à Corbet avant qu'il s'embarquât ; de sorte que le pauvre colonel, poussé à bout, demanda incontinent à Corbet de le prendre à son bord pour assister au combat qui allait se livrer : la demande fut accueillie en riant, mais le hasard s'en mêla si bien que tous les officiers de l'*Africaine* ayant été mis hors de combat et Barry seul étant resté sain et sauf, ce fut Barry qui fit remise de la frégate à l'officier français qui monta à bord.

Le combat de l'*Africaine* fut suivi, peu de jours après (18 septembre), de celui de la *Vénus* contre le *Ceylan*. La *Vénus*, commandée par le capitaine Hamelin, sortait du Port-Louis avec le brick le *Victor* et avait ordre d'attendre en tête de Bourbon et de combattre le *Ceylan*, capitaine Gordon, venant de Bombay et que M. Decaen savait avoir à son bord le général Abercrombie, chargé de l'attaque projetée contre l'île de France. Le combat commença devant Saint-Benoit et du a toute la nuit avec un grand acharnement : la frégate anglaise fuyait et tâchait de gagner la rade de Saint-Denis. M. Hamelin manœuvrait pour l'en empêcher. Le 19 au matin, à quatre heures, les deux frégates étaient devant le cap Bernard, ayant perdu l'une et l'autre tous leurs mâts, mais le *Ceylan* avait amené, et tout son état-major avait été transporté à bord de la *Vénus* : alors parut la frégate anglaise la *Boadicée*, arrivant de Saint-Paul au bruit du canon : la *Vénus*, complètement rasée, ne pouvait faire aucune résistance ; elle dut se rendre, mais ce fut par capitulation : ni l'équipage, ni l'état-major ne furent prisonniers de guerre et ils rentrèrent en France. Cette capitulation fut due au général Abercrombie, prisonnier en ce moment sur la *Vénus* et déguisé en simple aspirant : il se découvrit et accepta purement et simplement les conditions que M. Hamelin posait à l'officier envoyé par le commodore Rowley de la *Boadicée*. On assure que M. Hamelin, encore tout échauffé par le combat, avait menacé de faire sauter sa frégate si ses conditions n'étaient pas acceptées, et que cette menace, si avancée qu'elle fût, contribua beaucoup à l'intervention du général Abercrombie. Le hasard, dans cette circonstance, servit bien efficacement nos ennemis. Deux frégates françaises croisaient devant Saint-Denis, elles allaient accepter le combat contre la *Boadicée* venant de Saint-Paul avec deux navires de moindre force, lorsque leurs vigies signalèrent deux frégates au Vent : elles crurent que c'étaient deux autres frégates anglaises et prirent chasse. La *Boadicée* rentra à Saint-Paul. Or, les deux navires signalés étaient la *Vénus* et le *Ceylan*. Si la *Boadicée* avait été engagée ce jour-là, elle se serait trouvée, dans tous les cas, assez maltraitée pour être dans l'impossibilité, le lendemain, de venir reprendre le *Ceylan*.

Le 10 décembre, on apprit à Bourbon que l'île de France était prise. Le mal que cette Colonie avait fait aux anglais depuis le commencement de la guerre se mesure aux forces qu'ils déployèrent pour s'en rendre maîtres. 76 voiles, outre une division venue du Cap, portaient les troupes de débarquement composées, en grande partie, de soldats européens. Les troupes prirent terre le 28 novembre : la capitulation eut lieu le 3 décembre sans avoir été précédée d'aucun engagement sérieux : M. Decaen avait épuisé son personnel dans l'armement de ses frégates ; quand il fallut se défendre, la disproportion des forces ne lui laissa aucun espoir de résistance efficace.

L'année 1811 fut marquée, à Bourbon, par un événement intérieur des plus graves. Il y eut une révolte d'esclaves à Saint-Leu. Le but en était très-certainement la destruction des blancs et le pillage des propriétés. Les noirs s'étaient persuadés qu'ils seraient soutenus par l'autorité anglaise du moment qu'ils s'attaqueraient à des français. D'autre part, le désarmement général de la garde nationale, qui avait été la conséquence de la reddition de la Colonie, leur donnait l'espérance qu'ils ne rencontreraient point de résistance sérieuse. Néanmoins, il s'en fallut de beaucoup que tous, ou seulement la majeure partie des esclaves, aient adhéré de fait ou même de volonté aux actes de la révolte. Tout au contraire, sur plusieurs points, des ateliers restés fidèles défendirent leurs maîtres et aidèrent efficacement à dissiper les bandes hostiles. Il demeura, en outre, démontré que l'entreprise n'avait pas de ramifications en dehors des communes de Saint-Louis et de Saint-Leu : son action apparente ne dépassa même pas les limites de cette dernière commune.

L'autorité municipale de Saint-Louis avait été prévenue, dès le 4 novembre 1811, de l'existence d'un complot. Un esclave, nommé Figaro, qui obtint pour ce fait, avec sa liberté, une pension de la Colonie, fit connaître dans tous leurs détails le but et le plan du mouvement projeté. Le maire de Saint-Louis en donna avis à son collègue de Saint-Leu. Quelques précautions secondaires furent prises, les mesures préventives furent dédaignées. Le 7 novembre, au matin, un premier rassemblement d'esclaves eut lieu dans les habitations de Saint-Leu, entre la ravine du Trou et la ville : il se dissipa de lui-même après avoir blessé un habitant. La municipalité ne fit rien ou ne put rien faire ; son inaction fut un encouragement. Le 8, de très-grand matin, le mouvement insurrectionnel général se développa. Deux propriétaires de la ravine du Trou, les frères Macé, surpris chez eux, furent massacrés : les révoltés se portèrent ensuite chez le sieur Pierre Hibon, habitant très-riche du Portail, là ils trouvèrent de la résistance et furent vigoureusement repoussés par les esclaves d'Hibon. Pareille chose eut lieu chez le frère de celui-ci, Timothée Hibon. D'autres habitations, abandonnées par leurs maîtres, furent successivement visitées et pillées, mais sans nouveaux assassinats. Cependant le sieur Fougeroux, ancien militaire, géreur d'une habitation au Portail, instruit à temps, arma vingt hommes de son atelier dont il était sûr et rejoint bientôt par vingt-deux habitants, il se porta résolûment à la rencontre des révoltés, les attaqua, en tua un certain nombre, en arrêta d'autres et dissipa le tout. L'ordre fut dès ce moment rétabli. Deux ou trois jours après, l'autorité anglaise envoya quelques soldats à St-Leu. Comme effet, c'était trop tard, comme manifestation, c'était utile. Les esclaves furent avertis que, contrairement à leurs prévisions, ils n'avaient aucun appui à attendre des nouveaux possesseurs de l'île. Finalement, dans la matinée du 8, on avait compté quarante morts, parmi lesquels il pouvait bien se trouver quelques hommes appartenant aux ateliers qui firent résistance.

Les événements de novembre 1811 qui émurent profondément la colonie, rentraient, quant à la répression judiciaire, dans les attributions du tribunal spécial, institué en 1803, pour juger les esclaves et dont nous avons déjà parlé. Le nombre des accusés était considérable. Nous avons vu nous-même plus de cent de ces malheureux que l'on conduisait, fortement garrottés, de St.-Leu à St.-Paul ; c'étaient, en presque totalité, des hommes bruts, à l'aspect toujours grossier, souvent stupide : le sentiment premier et prédominant qu'ils inspiraient était un sentiment de commisération. La plupart n'avaient pas conscience de la culpabilité des actes auxquels ils avaient été entraînés et ils allaient payer chèrement la rusticité de leur intelligence. Le 12 février 1812, la peine capitale fut prononcée contre 30 d'entre eux : presque tous furent exécutés. On avait eu peur, ou fut cruel ; au point de vue d'une crainte suffisante à inspirer aux esclaves, on eût pu sans rien soustraire à l'indispensable sévérité de la justice, céder davantage aux inspirations de l'humanité : ajoutons, cependant, que de 1811 à 1832, il n'y eût, dans la colonie, aucune révolte, ni même aucun complot d'esclaves.

Nous pouvons passer rapidement sur les quatre ans et demi qu'a duré l'occupation anglaise et que n'a signalés aucun fait notable, si ce n'est la révolte des noirs de St.-Leu. Une cause toute matérielle a contribué à rendre les documents relatifs à ce temps fort rares aujourd'hui ; ce fut l'emploi presque général du papier de Chine qui n'est absolument d'aucune durée et auquel le haut prix du papier d'Europe forçait d'avoir recours. Le journal officiel lui-même s'imprimait sur ce papier.

La Colonie ne resta pas longtemps sous la direction de la compagnie des Indes. Dès le 25 avril 1811, elle fut déclarée possession royale et placée, quant à son mode d'administration, absolument sur le même pied que Ceylan, restant d'ailleurs subordonnée à Maurice, comme elle l'avait été sous le gouvernement français. Les actes de l'autorité étaient faits et publiés au nom du gouverneur général résidant au Port-Louis, ce qui n'améliorait pas les choses.

Au début, les rapports entre les nouveaux possesseurs et la population locale ne furent pas précisément mauvais : cela ne dure guère. L'opposition du caractère national ne tarda pas à se manifester ; il n'y avait, au fait, que des vainqueurs et des vaincus ; on le savait bien d'un côté, on le savait trop de l'autre. Les anglais, en arrivant, avaient versé une grande quantité de numéraire dans un pays qui en manquait absolument ; il en résulta une sorte de détente et de soulagement général ; mais ce fait n'était pas d'une bienveillance intentionnelle et il n'y avait pas lieu de s'en faire un mérite ; ajoutons que l'administration, après s'être d'abord montrée assez large sur le chapitre des dépenses, changea de procédés au commencement de 1813, et opéra de grandes réductions financières : 550,000 francs, a-t-on dit ; ce qui peut être vrai sans être probable. Il ne s'agissait, dans tous les cas, que du personnel, car il absorbait tout. Pour les travaux publics et d'utilité générale, il n'en fut jamais question. L'occupation, à cet égard, n'a rien laissé après elle, si ce n'est le souvenir d'une spoliation qui réduisit bien vite à l'état le plus déplorable la viabilité soit générale, soit locale. Les routes de toutes catégories étaient, en effet, entretenues par les ateliers des communes : ces ateliers furent en majeure partie disloqués ; tous les hommes valides en furent enlevés sans rémunération par l'autorité militaire, pour en former un bataillon qu'on nomma les *africains*, lequel, transporté à la Jamaïque, y fut d'un bon service : les éléments en étaient cependant disparates. Il nous souvient encore qu'un de ces soldats forcés disait assez naïvement : « Hélas ! j'étais Cafre et ils m'ont fait *Africain*. » Au fond, l'idée n'était pas trop mauvaise, et on a lieu de s'étonner que M. Decaen, auquel les hommes manquaient, ait toujours persisté à arracher les créoles de Bourbon de leurs foyers pour les incorporer dans la garnison de l'île de France, tandis qu'il aurait pu profiter de l'exemple de Labourdonnais et de Dupleix, et se souvenir des excellents résultats qu'ils avaient obtenus avec leurs troupes noires.

Si le gouvernement anglais se montrait peu soucieux du bien-être de la population coloniale, en revanche, il était fort susceptible en tout ce qui pouvait le toucher. Ainsi, en 1812, on découvrit qu'une grande quantité de documents et de papiers publics avaient été volés et vendus ; naturellement une instruction judiciaire s'ensuivit ; mais les intéressés ayant eu le talent de persuader au gouverneur général que l'affaire avait un côté politique, les poursuites furent suspendues et le cours régulier de la justice interrompu. Le système judiciaire de la France et l'indépendance qui s'y rattache, lorsque les partis extrêmes ne dominent pas, ne sont pas facilement compris des anglais.

Un peu plus tard encore, et à une autre occasion, l'empiètement du pouvoir administratif sur le judiciaire fut tel que plusieurs magistrats coloniaux durent donner leur démission. Il y avait eu, en effet, violation d'un des articles de la capitulation de 1810, portant *que les lois, coutumes et religion des habitants, ainsi que leurs propriétés particulières seraient respectées et garanties.* Il faut ajouter cependant, que dans le cas dont nous parlons, on reconnut qu'on avait été trop loin et qu'on répara les choses de manière que les magistrats démissionnaires pussent reprendre honorablement leurs fonctions. A la suite de ce fait, citons, en toute justice, une occasion où le gouvernement anglais fit preuve de sollicitude pour Bourbon. En février 1813, la rage sur les chiens se déclara tout à coup au Port-Louis. Plusieurs personnes avaient été mordues et en étaient mortes. Le gouverneur de Maurice ne perdit pas un moment, il expédia en tout hâte un navire à Bourbon avec des ordres précis pour que les précautions sanitaires y fussent prises sans délai et surtout observées avec la sévérité convenable. C'est à cette célérité, dans les déterminations, que nous devons d'avoir été préservés d'un fléau qui, grâce au ciel, nous a toujours été inconnu.

L'existence matérielle à Bourbon, pendant la durée de l'occupation étrangère, ne fut pas précisément mauvaise, surtout si on la comparait à ce qu'elle avait été pendant les trois ou quatre années précédentes, abstraction faite, bien entendu, de ce que les souffrances, sous le drapeau national, ont de supérieur au bien-être sous une domination étrangère. Certes, alors, fortunes à faire, larges produits agricoles à obtenir, il n'y fallait pas penser : tout était en stagnation ; mais, du moins, ces objets, ces marchandises qu'on peut appeler de première nécessité, ne nous manquaient pas : les toileries, le savon, la bougie nous étaient fournis par l'Inde à des prix abordables pour toutes les bourses. Le sucre raffiné était inconnu ; nous avions à sa place le sucre candi qui venait de Chine ainsi que toute la porcelaine et notamment des assiettes légères et commodes. Quant aux vins français, ils avaient totalement disparu. On y suppléait par un vin de Madère d'une loyauté suffisante et par un vin blanc du Cap fort léger et dont l'usage devint bientôt général. L'huile d'olive, lorsque par hasard, il s'en trouvait, était d'une qualité inférieure et d'un prix exorbitant ; nous en avons vu payer 7 francs 50 le flacon d'un demi-litre à peine.

Sous le rapport des phénomènes naturels, pendant les années dont nous nous occupons ici, il faut noter une éruption volcanique en septembre 1812 et un ouragan en 1814. L'éruption fut certainement la plus violente, disons mieux, la plus grandiose de tout le siècle. Indépendamment de sa durée et de son ampleur, elle se caractérisa par la dispersion sur toute la surface de l'île de filaments vitreux que nos créoles appelèrent les *cheveux du volcan* ; ils avaient en effet l'apparence de cheveux très fins et d'un blond très clair. Ce produit spécial, dit-on, à Bourbon et aux îles Sandwich, et dont la formation pourrait peut-être s'expliquer au moyen du procédé qui, en Angleterre, fournit la laine minérale ou de laitier, se représenta lors de l'éruption de 1859 avec cette seule différence que les fils ne furent pas jaunes, mais de couleur cendrée, et beaucoup moins abondants. En 1812, la lave coula pendant plusieurs jours jusqu'à la mer, occupant un large espace et dévorant une partie de la vieille forêt qui se trouvait au pied du rempart du *Bois-blanc*. Cette lave ne fut pas si compacte qu'elle ne se prêtât bientôt à la végétation ; en 1830 des mousses épaisses, des fougères hautes et touffues la couvraient de tous côtés. En 1860, quarante-huit ans après l'éruption, la coulée portait un taillis épais et complet.

L'ouragan du 19 avril 1814 souffla avec une extrême violence, pendant douze heures, du Sud-Est. C'est le plus tardif en cours d'année dont on ait gardé le souvenir. Les partisans à toute fin des influences lunaires ne faillirent pas à remarquer que le cyclone s'était manifesté précisément le dernier jour de la lune de mars, après lequel, disent-ils, il n'y a plus rien de semblable à redouter. L'observation peut être exacte, mais qu'y fait la lune ? La position de la terre à l'égard du soleil à l'époque extrême qu'on indique ne suffit-elle pas pour tout expliquer ? Quoi qu'il en soit, le coup de vent de 1814 fut désastreux ; un très-grand nombre de girofliers furent détruits ; l'œuvre patiente de longues années de travail et de soins avait disparu en une nuit.

Il est juste de dire que la présence des anglais procura à Bourbon l'avantage spécial de rendre dorénavant libres la culture de la canne et les industries qui en dérivent. La canne à sucre avait été apportée chez nous dès les premiers temps de la fondation de la Colonie : c'était une espèce particulière se rapprochant assez de celle d'Otaïti et qui s'était si bien acclimatée qu'on l'appelait *canne du pays*.

Les procédés pour l'extraction du jus furent longtemps des plus simples : un large madrier recevait l'extrémité la plus pesante d'un arbre horizontal dont l'autre bout portait sur une traverse solidement établie ; l'arbre était mobile ; on imprimait, à l'aide d'un manche, un mouvement rotatoire et de va et vient à l'extrémité qui posait sur le madrier ; de la sorte on broyait la canne dont le jus s'écoulait par des rainures ménagées avec soin. Tout ce mécanisme s'appelait un *flangorin*, nom également donné à la liqueur qu'on obtenait du jus fermenté de la canne, et dont les colons faisaient un tel abus dans les réunions joyeuses, qu'en l'année 1718 le Conseil provincial avait jugé nécessaire de réduire le nombre des instruments de fabrication, de rendre banaux ceux que l'on conserverait et de les faire mettre sous clef. Un peu plus tard, on se perfectionna : on prépara un sirop noir et d'assez mauvais goût qui, bon gré mal gré, servait aux usages domestiques.

Très-postérieurement, la canne de Batavia, dite aujourd'hui *canne blanche*, fut apportée de Maurice et quelques guildiveries, c'est-à-dire des établissements où l'on distillait directement le *vesou*, furent créées ; mais bientôt entravées ou plutôt prohibées par M. Decaen elles ne reparurent qu'en 1812. Il y avait mieux à faire, on le savait. En 1753 un sieur Le Vigoureux, de Saint-Malo, avait créé à l'île de France une sucrerie complète, opération qui reçut plus ou moins de suite.

A Bourbon, la première sucrerie ne commença à fonctionner que dans les derniers mois de 1815 ; elle se trouvait sur l'habitation de M. Charles Desbassayns, *au Chaudron*. Les cylindres à broyer la canne étaient verticaux et mis en mouvement par des mules ; c'était ce qu'on appelait autrefois un moulin *à sang*, vulgairement un *manège*.

Ce mode fut remplacé en 1819, sur le même établissement, par une machine à vapeur. Auparavant, l'emploi du vent comme moteur auxiliaire avait été tenté, mais sans résultat sérieux pas plus ici qu'ailleurs. Il est incontestablement établi que c'est à M. Charles Desbassayns qu'il faut rapporter le mérite de la première installation à Bourbon d'une sucrerie d'abord et ensuite d'un moulin mu par la vapeur. Son frère, Joseph Desbassayns, a indiqué de nouveaux procédés pour la culture de la canne, à laquelle il a fait faire de grands progrès ; aussi a-t-il passé pour un agriculteur supérieur à son frère ; mais l'initiative industrielle est due à ce dernier. De toute manière, sous le rapport agronomique l'île Bourbon doit beaucoup à ces deux créoles qui, prenant l'agriculture pour ce qu'elle est, c'est-à-dire, pour une science faite et complète en Europe, se sont efforcés d'en appliquer les règles et les principes au climat des tropiques.

A partir de 1813 l'attention de la Colonie se détourna des intérêts intérieurs pour se porter exclusivement sur ce qui se passait en Europe ; on en était aux grands événements qui amenèrent la chûte de l'Empire. Aujourd'hui que la vapeur et l'électricité nous ont fait une Europe à 15 ou 20 jours de délai, on aura peine à comprendre les longues et douloureuses impatiences que la navigation à voiles ne nous épargnait pas au temps dont nous parlons. Il suffira pour donner une idée des retards qui laissaient pendant des mois entiers, le champ libre aux suppositions les plus diverses, d'indiquer les dates où nous eûmes la première connaissance de quelques-uns de ces grands événements qui ont marqué les années 1812, 1813 et 1814.

La première nouvelle de la bataille de la Moskowa, du 7 septembre 1812, n'arriva à Bourbon que le 9 février 1813. Ce ne fut que deux mois après qu'on apprit la retraite de Moscou et le retour de Bonaparte à Paris. On ne sut pas avant le 19 juin 1814 que les alliés avaient pénétré en France, et on assura alors qu'ils avaient mis le feu à Paris, exécrable honneur réservé à un parti politique et à des Français. Il fallut rester 36 jours dans la plus pénible incertitude : les nouvelles certaines ne nous parvinrent que le 25 juillet. Paris s'était rendu par capitulation : Louis XVIII avait été proclamé à Bordeaux, puis à Paris, mais ce n'était pas encore la paix. Enfin, le 31 juillet, un navire arrivant directement d'Angleterre à Bourbon annonça que les préliminaires de la paix avaient été signés le 6 mai précédent. Le traité définitif du 30 mai 1814 ne tarda pas à être connu :

la Colonie de Bourbon était rendue à la France et la rétrocession en devait être effectuée le 17 décembre au plus tard. Ce ne fut pourtant que le 30 mars 1815 que parut devant St.-Denis, sans y mouiller, la flûte l'*Eléphant*, faisant partie, avec la frégate l'*Africaine* et les flûtes la *Loire* et la *Salamandre*, d'une division commandée par M. Jurien de la Gravière qui avait embarqué à Rochefort tout le personnel nécessaire à la reprise de possession. Cette division arriva elle-même le 2 avril 1815, et le 6 du même mois Charles Telfair, et d'autres délégués du gouverneur général Farquhar opérèrent la rétrocession de l'île entre les mains de Bouvet de Lozier, gouverneur pour le Roi, et de Marchant, ordonnateur.

Marchant, administrateur instruit et intègre était venu aux colonies bien avant la révolution de 1789. Il remplissait les fonctions de contrôleur à l'île de France lorsqu'il fut envoyé en 1806, avec le titre de sous-préfet, à Bourbon. Il y resta jusqu'à l'occupation de l'île par les anglais et y revint en 1815 avec des attributions étendues. Il était chef d'administration. Une dévotion mal entendue à l'empire mit fin à sa carrière publique.

Quant à Bouvet de Lozier ce fut, sans contredit, une des organisations le plus singulièrement trempées qui soient jamais venues aux îles. Lancé de bonne heure dans la vie politique à une époque où l'on jouait toujours sa tête dans les luttes de partis, il y avait acquis ce dédain de l'existence, ce dévouement aux idées, et cet acharnement dans les opinions qui élèvent souvent la foi politique à la hauteur de la foi religieuse. Né à Paris en 1769, il émigra avec les princes, servit dans l'armée de Condé, se battit longtemps dans la Vendée et, en 1803, entra dans la conspiration de Georges Cadoudal qui ne visait à rien moins qu'à attaquer ouvertement Bonaparte au milieu de ses gardes ; il fut alors condamné à mort et ne dut la vie qu'à une intervention inespérée. Détenu longtemps dans une forteresse, il s'en échappa enfin en se traînant la nuit sur le rebord des remparts et à la portée du feu des sentinelles. Il était depuis peu de temps en Angleterre lorsque la paix de 1814 le ramena à Paris où on lui confia le gouvernement de Bourbon. De nouvelles luttes l'y attendaient ; trois mois s'étaient à peine écoulés depuis son installation qu'on apprit le retour de l'île d'Elbe. Toute la France avait reconnu Bonaparte ; lui, il ne voulut pas le reconnaître. Des ordres lui vinrent du ministère de la marine, il les méprisa ; avec une administration civile peuplée d'employés dévoués à l'empire, avec une garnison formée de vieux soldats idolâtres de Napoléon, sans argent, sans ressources, dans un pays imparfaitement réorganisé, il s'entêta à ne reconnaître que le Roi et à tenir le serment qu'il lui avait prêté : bientôt, nouvelle complication : les anglais interviennent et veulent occuper l'île ; ils la bloquent par des croiseurs nombreux ; n'importe le voilà en guerre avec les anglais : et ce fut sa bonne fortune. Le sentiment national fit taire les opinions politiques ; les durs et récents souvenirs de l'occupation étrangère rallièrent tout le monde autour de lui. Sa conduite, pendant quatre mois, aurait pu passer pour de la folie, les événements lui donnèrent raison. Petit, maigre, chétif, honnête homme, ami chaud, mais irascible, obstiné, absolu, intraitable, il devait mourir de mort violente et fut en effet tué en duel, à Fontainebleau, en 1825.

FIN

ERRATA.

Page 15, ligne 4, au lieu de : *Panicum costatum*, lisez : *Cinchrus echinatus*,
Page 103, ligne 23, au lieu de : 1624, lisez : 1642.

www.ingramcontent.com/pod-product-compliance
Lightning Source LLC
Chambersburg PA
CBHW070530170426
43200CB00011B/2378